Michael Jan de Goeje

**Das alte Bett des Oxus, AmoDarja**

Michael Jan de Goeje

**Das alte Bett des Oxus, AmoDarja**

ISBN/EAN: 9783743431041

Hergestellt in Europa, USA, Kanada, Australien, Japan

Cover: Foto ©ninafisch / pixelio.de

Manufactured and distributed by brebook publishing software (www.brebook.com)

Michael Jan de Goeje

**Das alte Bett des Oxus, AmoDarja**

# DAS ALTE BETT

## DES OXUS

## AMÛ-DARJA

VON

## M. J. DE GOEJE

PROFESSOR DER ORIENTALISCHEN SPRACHEN AN DER UNIVERSITÄT
ZU LEIDEN

Mit einer Karte.

LEIDEN, E. J. BRILL.
1875.

# VORWORT.

Die dieser Abhandlung beigegebene Karte ist Kiepert's wohlbekannter „Uebersichtskarte der nach Chiwa und Buchara führenden Strassen", Berlin, 1873, Reimer, nachgebildet. Ich habe darin nur die Namen verzeichnet, welche im Texte vorkommen; die alten Flussbetten Kunja-Darja und Deudan habe ich nach Lenz' Karte angegeben. Das Blatt macht keine weiteren Ansprüche, als dem Leser, der keine Karte zur Hand haben sollte, das Bild des Landes vorzuführen.

Der Leser möge freundlichst bedenken, dass ich nicht in meiner eigenen Sprache geschrieben habe. Ich hätte das kaum gewagt, wenn nicht ein Deutscher Freund die Güte gehabt hätte, sein Auge über meine Arbeit gehn zu lassen. Ihm dafür meinen herzlichen Dank.

Queer durch die Hyrcanische Steppe zieht sich das trockne Bett eines mächtigen Flusses, welcher von der Seite des heutigen Khîwa nach Südwesten floss bis zum Kaspischen Meere, wo er in den Balkhânbusen mündete. Die Sage nennt es das alte Bett des Amû-Darja, und die Untersuchungen der neuesten Zeit haben es über allen Zweifel gehoben, dass die Sage Wahrheit spricht. Die ersten Nachrichten über das alte Oxusbett sind aus dem Jahre 1717, als Peter der Grosse, von der Existenz dieses Bettes unterrichtet, den Tscherkessischen Fürsten Bekowitsch beauftragte, es aufzusuchen, da er den genialen Plan gefasst hatte, den Fluss wieder in das alte Bett nach dem Kaspischen Meere zurückzuleiten, um sich so den Zugang nach Samarkand und seinem Gold-Flusse (dem Zerafschân) zu öffnen und sogar durch den Oxus eine Verbindung mit Indien herzustellen. Nach diesen Erkundigungen wurde der frühere Lauf des Oxus zum erstenmal, wie es scheint, verzeichnet in der Karte der Länder am Kaspischen Meere, welche man in Hanway's „Historical account of the British trade over the Caspian Sea" (London 1753) findet. In unserm Jahrhundert ist das Flussbett von mehreren Reisenden, wie Murawjew, Abbot, Conolly, Vámbéry, u. a., an verschiedenen Stellen gesehen und beschrieben. Erst seit einem Jahre aber besitzen wir eine genaue Beschreibung beinahe des ganzen Bettes. Im Spätsommer 1872 untersuchte eine Russische Expedition unter Oberst Stebnitzky den Theil vom Fuss des Balkhân-Gebirges bis zum Brunnen Igdy (etwa 275 Werst in gerader Entfernung von Khîwa). Dr. Sievers, der den Marsch mitmachte, gab einen Bericht über diese Aufnahme in Petermann's Mittheilungen, 1873, S. 287—292. In Juli 1873, gleich nach der Einnahme von Khîwa, wurde das Bett von den Ruinen der Stadt Alt-Urgendj bis zum See von Sary-Kamysch untersucht von einer Expedition unter Oberst Glukhowsky. In Petermann's Mittheilungen, 1874, S. 23—26 findet man über die Resultate dieser Untersuchung einen kurzen Bericht. Es bleiben nur noch etwa 200 Werst, ungefähr 4 Tagemärsche Weges, vom alten Bette übrig, die noch nicht untersucht sind.

Die wichtige Frage aber, wann der Fluss diesen

Lauf gehabt hat, ist, obgleich sie von den tüchtigsten Männern besprochen worden, noch nicht zur Klarheit gekommen. Die drei neuesten Schriften, in welchen die Frage behandelt wird, sind: „Unsere Kenntnisse über den früheren Lauf des Amu-Daria", von Dr. R. Lenz, in den „Mémoires de l'Académie impériale des sciences de St. Pétersbourg", VII<sup>e</sup> Série, Tome XVI, N<sup>o</sup>. 3 (1870); „Khiva. Seine historischen und geographischen Verhältnisse" von P. Lerch. 1873, Separatabdruck aus der Russischen Revue, Bd. II, Heft 5 und 6 und „Die Aralseefrage noch einmal geprüft" von Robert Rösler, in den Sitzungsberichten der kaiserlichen Akademie der Wissenschaften von Wien, phil. hist. Classe, 1873, S. 173—260. Ersterer sagt, nachdem er alle Zeugnisse, die ihm zur Verfügung standen, geprüft hat, dass, diese Frage zu entscheiden, uns alle Anhaltspunkte fehlen (S. 42), und hofft nur von einer sorgfältigen Untersuchung der alten Baureste darüber Aufschluss zu erhalten. Nach ihm hat Herr Lerch die historischen Nachrichten auf's Neue einer eingehenden Kritik unterworfen. Sein Resultat ist, es sei gar nicht wahrscheinlich, dass der Amû vor dem zehnten Jahrhundert einen Arm in das Kaspische Meer gesandt habe. Finden wir dennoch im alten Bette den Beweis, dass der Amû ehemals nach dieser

Richtung geflossen ist, so muss dies in neueren Zeiten gewesen sein.] Ibn-Batûta im vierzehnten Jahrhundert kennt keinen Arm des Oxus, der in das Kaspische Meer mündet. Dagegen sagt Abulghâzi ausdrücklich, dass in der ersten Hälfte des sechszehnten Jahrhunderts der Amû dem Kaspischen Meere zufloss. Er schliesst also: „während zweier Jahrhunderte mag der Amû in's Kaspische Meer geflossen sein, vom Ende des XIV Jahrhunderts bis 1575" (S. 27).

Ich gestehe, dass diese Lösung der Frage mir sehr bedenklich scheint. Lerch selbst hat bereits auf das Zeugniss Jenkinson's aufmerksam gemacht, wonach schon 1558 der Amû das Kaspische Meer nicht mehr erreichte. Unten wird man sehen, dass auch 1450 der Fluss, wie früher und jetzt, nur in den Aralsee mündete. Man hat also zwischen 1450 und 1550 das sonderbare Phänomen, dass der Oxus seinen frühern Lauf nach dem Aralsee verlässt, den Weg zum Kaspischen Meere wählt, dann aber die neue Bahn aufgiebt, um wiederum der alten zu folgen. Denn man darf die Sachlage nicht erleichtern durch Annahme einer Bifurcation oder eines Armes, der nach dem Kaspischen Meere abfloss. Das trockne Bett hat mächtige Dimensionen, wie die von Lenz (S. 39) zusammengestellten und die von den Russischen Expeditionen 1872 und 1873 vollbrachten Messungen aussagen, und muss dem Hauptstrome des Amû gedient haben. Und dass solch eine Aenderung des Laufes, zweimal in einem Jahrhundert, beispiellos ist, wird Niemand leugnen. Ich glaube auch kaum, dass ein so kritischer Forscher wie Herr Lerch zu einer solchen Annahme hätte kommen können, wenn seine Prämissen ihn nicht dazu gezwungen hätten.

Rösler hat nach einer Untersuchung der verschiedenen Nachrichten die Hypothese aufgestellt, dass schon zur Zeit Herodot's der Oxus in den See von Khowârizm floss, zugleich aber einen Arm nach dem Kaspischen Meere sandte. Letzterer verarmte im Laufe der Zeit mehr und mehr, so dass er im zehnten Jahrhundert das Meer nicht mehr mit seinen Fluthen erreichte, sondern im Sande erstickte. Die Araber lernten diesen Arm erst kennen seit dem zwölften Jahrhundert. Damals war dieser noch nicht ausgetrocknet. Vielmehr ist der Process der Abzehrung und Verkümmerung, vielleicht schon im Zeitalter Alexanders begonnen, noch jetzt kaum ganz vollzogen. Zuweilen aber treten Störungen ein, bewirkt durch ungewöhnliche Hochfluthen, und eine solche ausnahmsweise stärkere Strömung im alten Bette und der darauf folgende naturgemässe Rückgang war es wohl, was Abulghâzi getäuscht hat.

Diese Hypothese stützt sich auf zu schwache Grundlagen. Dass die Oxusmündung in den Balkhânbusen den Alten bekannt war, hat Rösler S. 194 gezeigt; doch daraus folgt noch keineswegs, dass das Wasser des Oxus sich damals noch in das Kaspische Meer ergoss. Herodot hat wahrscheinlich „in sehr dunkler Weise" vom untern Oxuslauf gehört, doch man hat kein Recht allein nach seiner kurzen Nachricht diesen Lauf zu construiren. Die Schriftsteller vom neunten bis zum siebzehnten Jahrhundert hat Rösler sehr oberflächlich untersucht.

Wenn ich meinerseits mich an eine Beantwortung der Frage wage, so geschieht das nur, weil ich neues Material gefunden habe, das von entscheidender Bedeutung ist, und über den Gebrauch, den man vom bekannten Material gemacht hat, mit Hülfe besserer Texte einige nicht überflüssige Bemerkungen zu machen habe.

---

Dass von den Alten zur Erörterung der Frage nichts zu erwarten sei, haben, gegen frühere Untersucher, Herrn Lenz und Lerch genügend bewiesen. Sie liessen Oxus (Amû) und Jaxartes (Sir) in's Kaspische Meer münden, da sie den Aralsee nicht kannten. Ueberhaupt hatten sie von diesen Gegenden keine klare Vorstellung. Mit Kiepert („der alte Oxuslauf und der Aralsee" in der „Zeitschrift der Gesellschaft für Erdkunde zu Berlin", 1874, S. 268) erscheint mir Rösler's Beweisführung gelungen, dass Herodot's Beschreibung des Araxeslaufes (I, cap. 202) eine allerdings sehr unbestimmte Kunde des heutigen Oxusdelta durchschimmern lässt. Doch dies ist auch das einzige Ergebniss. Vom Aralsee wusste das Alterthum nichts, obgleich die uralte Existenz dieses See's evident ist. Die erste Erwähnung des Aralsee's findet sich vielleicht im Reiseberichte Zemarch's, der um 569 als Gesandter des Byzantinischen Kaisers an den Türkenfürsten von diesem durch Khowârizm nach Constantinopel zurückkehrte. Es scheint mir nämlich, dass für die Erklärung, welche Lerch von diesem Reiseberichte giebt und in welcher jetzt auch Yule [1]) mit ihm übereinstimmt, viel zu sagen ist.

Zemarch verweilte in der Hauptstadt der Choliatoi,

---

1) In der Vorrede zu John Wood „a Journey to the Source of the River Oxus", London 1872, S. XLII (Citat von Rösler). In dem von Lerch citirten Werke „Cathay and the way thither", London 1866, S. CLXVI, hielt Yule den Oich für den Jaxartes, ebenso wie Müller in seiner Ausgabe der „Fragmenta Historicorum Graecorum", IV, S. 229.

dem alten Kâth-Khowârizm am nordöstlichen Ufer des Oxus, passirte dann den Fluss und zog durch Burgen (Φρούρια) bis er zum See gelangte, an dessen, wahrscheinlich westlichem, Ufer er zwölf Tage lang gegen Norden reiste. Die Burgen können nichts Anderes sein als die Städte am westlichen Ufer des Oxus. Ist diese Erklärung richtig, so scheint aus diesem Berichte deutlich zu folgen, dass damals der Oxus in den Aralsee floss. Man muss aber Rösler zugeben, dass der Bericht über diese Gesandschaftsreise verschiedener Deutungen fähig ist.

Der älteste Arabische Geograph, bei dem ich einen Bericht über den Djeihûn, wie die Araber den Fluss nennen, finde, ist Ibn-Khordâdbeh, der um 865 schrieb. Dieser sagt S. 124 der Ausgabe von Barbier de Meynard: „Der Djeihûn, der Fluss von Balkh [1]), entspringt aus den Tibetanischen Bergen, er fliesst an Balkh, Tirmidh und Khowârizm vorbei, und fällt in das Meer von Djordjân." Das Meer von Djordjân aber ist das Kaspische Meer, wie es auch S. 116 genannt wird. Jakûbî, der in 891 schrieb, hat S. 54 der Ausgabe von Juynboll das Folgende: „von Nesâ nach Bâwerd

---

1) Der Oxus wird uneigentlich so genannt, weil er nicht weit von Balkh vorbeifliesst (Jacût, II, S. 172, Z. 17 ff.).

(Abîwerd) zwei Tagemärsche, und von Nesâ nach Khowârizm, in östlicher Richtung, acht Tagemärsche; Khowârizm liegt am Ende des Flusses von Balkh (Oxus), da wo das Wasser dieses Flusses sich in das Meer von Dailam ergiesst, und es ist ein ausgedehntes Land." Mit dem Namen Meer von Dailam wird von ihm das Kaspische Meer bezeichnet, wie dasselbe auch S. 53 und 54 heisst. Beide Geographen sind sehr werthvoll, doch über diese nördlichen Gegenden dürftig unterrichtet. Aus den Worten Jakûbî's besonders geht klar hervor, dass er Aralsee und Kaspisches Meer nicht zu unterscheiden gelernt ha te. Die östliche Richtung des Weges von Nesâ nach Khowârizm, weist deutlich nach Khîwa hin, und Khowârizm liegt nach ihm an der Mündung des Flusses. Wahrscheinlich stellte er sich vor, dass das obere Kaspische Meer sich weit nach Osten wandte und hielt er den See von Aral für einen Theil dieses Meeres, wie es vor und nach ihm Andere gethan, wie noch im sechszehnten Jahrhundert Jenkinson sich das gedacht zu haben scheint.

Den Schriftstellern des zehnten Jahrhunderts war diese Gegend besser bekannt. Ibn-Dosteh hat, nach Prof. Dorn's „Mélanges asiatiques", im „Bulletin de l'Académie impériale de St. Pétersbourg", VI, S. 655:

„Der Dschaihun, dessen Lauf näher beschrieben wird — er kommt aus Tibet — fällt in den See (von Khowârizm), dessen Umfang etwa achtzig Farsangen beträgt. An seinem westlichen Ufer ist er eingeschlossen von dem *Siah-Kuh* genannten Berge; das östliche Ufer ist begränzt durch Gestrüppgegenden, in welchen sich viele in sich verschlungene, in einander verwachsene Bäume befinden, und durch welche man nur auf einem engen, steilen Wege kommen kann, wo es beim Ein- und Ausgang Bergklüfte zu durchgehen giebt." — Masûdî, sein Zeitgenosse, sagt in seinen „Goldenen Wiesen", I, S. 211 der Ausgabe von Barbier de Meynard: „der Fluss von Balkh, welcher Djeihûn genannt wird, entspringt aus verschiedenen Quellen, durchfliesst die Gegend von Tirmidh, Isfarâin (?!) und andere Theile von Khorâsân, und kommt nach Khowârizm, wo er sich in mehrere Kanäle theilt; das Uebrige ergiesst sich in den See, an welchem die Stadt Djordjânîja liegt, unterhalb der Hauptstadt von Khowârizm. In dieser Gegend ist kein grösserer See als dieser, ja man sagt, dass er der grösste See der ganzen bewohnten Welt sei, da er ungefähr dreissig Tagemärsche lang und breit ist. Er ist schiffbar, und in ihn fällt auch der Fluss von Ferghâna und Schàsch (der Jaxartes), der durch das Land von Fârâb an der Stadt Djadîs vorbeifliesst, und auf welchem die Schiffe nach diesem See fahren. Am See liegt eine Stadt der Türken, al-Karjato-'l-djadîda (Neustadt = Janghi-Kent), wo sich aber viele Moslems befinden. Die Türken, welche in dieser Gegend leben, gehören grösstentheils zum Stamm der Ghozzîja, und haben theils feste Sitze, theils sind sie Nomaden." In seinem *Kitâbo-'t-tanbîh* schreibt derselbe nach Dorn's Uebersetzung in den „Mélanges asiatiques" l. c. S. 667: „Der Fluss von *Kâlif* (der Oxus) — kommt endlich in die Lande van *Chuâresm* und fällt in der Nähe der Stadt Dschurdschanija in den See, welcher See von *Dschurdschanija* genannt wird. Das ist der grösste See in der Welt; seine Entfernung beträgt gegen vierzig Tage in Länge und Breite. Von diesem See gehen grosse Flüsse aus, welche sich in das Chasarische (Kaspische) Meer ergiessen. In denselben mündet der Fluss von *Schasch*. Ihre Schiffe kommen von einem grossen Fluss, genannt *Bark*[1]), der sich eben so in den See ergiesst, wie der Fluss von *Ferghana* und *Chodschendeh*. Er fliesst in den Landen von *Farab*. Er ist gross und reissend; auf ihm kommen Schiffe

---

[1]) Lies *Terek* oder *Tork*. Es ist ein Nebenfluss des Jaxartes, s. Ibn-Haukal, S. 338.

mit verschiedenen Waaren zu dem See". Man sieht, Masûdî spricht von dieser Gegend nur nach theoretischen Ansichten und Hörensagen: er lässt das Wasser aus dem Aralsee durch mehrere Flüsse in das Kaspische Meer abfliessen, aus dem Jaxartes mit seinen Nebenflüssen macht er drei Flüsse, die in den Aralsee münden, wie nach ihm Edrîsî (II, S. 338); doch so viel ist klar, dass er nicht als Zeuge einer Bifurcation des Oxus gelten darf, wie Humboldt, „Asie Centrale", II, S. 232 und Rösler, l. c. S. 191 ihn anführen, wenn aber überhaupt als Zeuge, dann gerade für das Gegentheil.

Dass Istakhrî und Ibn-Haukal gar nichts von einem Arm des Amû wissen, der in's Kaspische Meer fliesst, ist bekannt genug, und ihre genaue Kenntniss des unteren Laufes des Djeihûn lässt, wie Herr Lerch richtig betont, uns gar nicht daran zweifeln, dass, wenn sich zu ihrer Zeit ein solcher in's Kaspische Meer ergossen hätte, dieser Umstand ihnen nicht hätte unbekannt bleiben können.

Dasselbe gilt von Mokaddasî, der um das Jahr 1000 schrieb. Er kannte Balkhî-Istakhrî und benutzt ihn, jedoch nach selbständiger Prüfung. Für die Topographie von Khowârizm ist seine Beschreibung von grossem Gewicht, und ich werde diese unten in Uebersetzung mittheilen. Sein Buch ist uns erhalten in zwei Manuscripten, von welchen das eine, durch Sprenger nach Berlin gekommen, die zweite, das andere, in Constantinopel für mich copirt, die erste Redaction enthält. Ich bin jetzt damit beschäftigt, nach diesen zwei Codices den Text zur Herausgabe zu bearbeiten. Es scheint, dass Lerch Auszüge aus dem Berliner Manuscript bekommen hat, da er ihn (S. 22) citirt unter den Schriftstellern, die nichts von einem in's Kaspische Meer fallenden Arme des Djeihûn wissen. Doch die für ihn gemachten Auszüge waren unvollständig. Gewiss ist es, dass in Mokaddasî's Zeit weder der Oxus, noch ein Arm des Oxus in das Kaspische Meer mündete. Der gelehrte Forscher wusste aber, dass in frühern Zeiten der Oxus das Kaspische Meer erreichte, und dieser Umstand ist von so grossem Gewicht, dass die historische Untersuchung dadurch in ein ganz neues Stadium eintritt. Die Stelle findet sich im ersten Capitel des zweiten Theils. Wie man unten in der Uebersetzung nachsehen kann, hat Mokaddasî hier dieselbe Erzählung über die erste Ansiedlung in Khowârizm, die wir bei Jacût, II, S. 481, wahrscheinlich aus derselben, nicht genannten, Quelle, lesen. Daran reiht er aber folgende wichtige Nachricht: „Der Erzähler sagt: als der König sie nach

Khowârizm verbannt hatte, leitete er einen Kanal aus dem Djeihûn nach ihnen hin, damit sie das Land anbauen könnten. Der Hauptstrom floss damals bis zu einer Stadt hinter Nesâ, welche Balkhân hiess. Er erzählt weiter: der Fürst dieser Stadt kam nach jener Ansiedlung zum Besuch, und fand daselbst tüchtige Leute; er war des Königs Gast und spielte mit ihm. Da gewann der Khowârizmiër. Man war aber übereingekommen, dass, wenn dieser gewönne, er die Erlaubniss haben sollte, den Djeihûn-Kanal einen Tag und eine Nacht über geöffnet zu halten. Der Fürst von Balkhân hielt sein Wort. Als man aber dem Wasser freien Lauf liess, strömte dasselbe mit so grossem Andrang, dass man es nicht wieder hemmen konnte, und so erhielt der Fluss die Richtung, welche er noch am heutigen Tage hat. In Khowârizm wurden nun viele Kanäle abgeleitet, an welchen sich Städte erhoben. Dagegen ging Balkhân zu Grunde. Ich selbst habe Leute von Nesâ und Abîwerd erzählen hören, dass sie bisweilen nach Balkhân gehen, wo sie viele Eier finden. Auch giebt es da noch verwilderte Rinder und Pferde."

Es kann kein Zweifel daran sein, dass in dieser Sage das alte Oxusbett bezeichnet wird, das unweit Khowârizm an diesem vorbeilief und, sich nach Südwesten wendend, in den Balkhân'schen Busen des Kaspischen Meeres mündete. Man sagte, dass hier an der Mündung ehemals eine bedeutende Stadt gelegen hätte, und Jacût hat aus dieser Legende noch bewahrt, dass Balkhân eine Stadt hinter Abîwerd sei (I, S. 713). Eine andere Form dieser Ueberlieferung ist, dass Alt-Khowârizm am Balkhân lag. Ibno-'l-Athîr erzählt (IX, S. 267) unter dem Jahre 420: „und sie kamen an's Balkhân-Gebirge [1]), das ist dasjenige, an welchem das alte Khowârizm lag."

Mokaddasî hat versäumt mitzutheilen, ob er diese Sage aus einem Buche oder nach mündlicher Ueberlieferung erhalten hat. Doch es ist klar, dass man schon im zehnten Jahrhundert nur eine dunkle Erinnerung über den ehemaligen Lauf des Flusses hatte, wahrscheinlich erhalten und aufgefrischt durch den Anblick des alten Bettes, da man die Aenderung des Laufes in die Zeit der ersten Ansiedlung in Khowârizm setzte. Hat die Ueberlieferung auch in diesem Punkte Recht, so muss der Fluss schon zur Achämenidenzeit wenigstens (s. Sachau, „Zur Geschichte und

---

1) Im Texte falsch Baldjûn, wie auch bei Quatremère in den „Notices et Extraits", XIII, S. 290.

Chronologie von Khwârizm" [1]), I, S. 4 und Lerch, S. 29 ff.) seine Mündung in den Aralsee gehabt haben, und sind demnach die Berichte der Alten über die Mündung in das Kaspische Meer einfach Beweise ihrer Unwissenheit. Schon daraus, dass Mokaddasî diese Sage erzählt, folgt, dass zu seiner Zeit kein Wasser des Oxus das Kaspische Meer erreichte. Ein Itinerar, das sich nur in der ersten Redaction findet, von Djordjânîja nach Farâwa in Dihistân in der Nähe des Kaspischen Meeres, bietet denn auch nichts als solche Stationen, die man in der Wüste findet. Desgleichen sagen Istakhrî und Ibn-Haukal an verschiedenen Stellen, dass das Land westlich vom Wege, der von Merw nach Amol führt, zwischen Khorâsân, Khowûrizm, dem Lande der Ghozz und der Gegend des Kaspischen Meeres Wüste war, nur bewohnt von nomadisirenden, schafzüchtenden Ghozz-Türken; und sie sagen (Istakhrî, S. 219, Ibn-Haukal, S. 277), dass das Sijâh-Kûh am Kaspischen Meere erst seit Kurzem bewohnt wurde. Mit diesem Namen bezeichnen nämlich die Arabischen Geographen das Ust-Urt-Plateau mit Einschluss von Man-

---

[1] Separatabdruck aus den „Sitzungsberichten der phil.-hist. Classe der Kais. Akademie der Wissenschaften in Wien", Bd. LXXIII, S. 474.

gischlak. Dies erhellt erstens daraus, dass sowohl das Gebirge am östlichen Ufer des Kaspischen Meeres, als das am westlichen Ufer des See's von Aral Sijâh-Kûh (Schwarzberg) genannt wird. Zweitens berichten die zwei genannten Autoren, dass ein Türkenstamm sich auf dem Sijâh-Kûh niederliess in Folge eines Zerwürfnisses mit den Ghozzîja, was Djordjânî bei Dorn, „Mélanges asiatiques", l. c. VII, S. 37 mit folgenden Worten erzählt: „Die Mankischlâk sind ein Türkisches Volk. In Folge eines Zerwürfnisses, welches zwischen ihnen und den Ghussen Statt fand, verliessen sie ihren Wohnsitz und kamen in die Umgegend von *Siahan-Kuh* (Siah-Kuh). Dieselbe liegt in der Nähe der See von Abesgun (Kaspisches Meer), und da sie da viele Quellen und Weideplätze fanden, so liessen sie sich da nieder, und man nannte sie Bewohner von *Mankischlâgh*." Witsen, „Noord- en Oost-Tartarije", I, S. 496 der Ausgabe von 1785, giebt dieselbe Stelle, spricht aber aus Minkisjlaag mit der Uebersetzung „Tausend Winterwohnungen". Ich halte diese Erklärung für richtig, nicht also die, welche Humboldt, „Asie Centrale", II, S. 259 giebt „campement d'hiver des Menks ou Nogaï's". Denn neben Minkischlak findet man auch Binkischlak, das deutlich mit der (im Osmanischen üblichen) Nebenform *bin* (*bing*) = *ming* gebildet ist und ebenfalls „Tausend Gehöfte" bedeutet. Man findet diese Form bei Mokaddasî, der sagt: „die Grenze des Khazarenreiches nach der Seite von Djordjân ist das Gebirge Binkischlah (Binkischlâ)". Die Aussprache des Namens, die Jacût vorschreibt, Mankaschlâk, ist falsch.

Aus der Mitte des zwölften Jahrhunderts haben wir das Zeugniss Edrîsî's, der ebensowenig von einer Bifurcation des Oxus weiss. Dieser Autor ist aber mit Vorsicht zu gebrauchen, zumal was östliche Länder betrifft, und dann ist die Uebersetzung von Jaubert nicht zuverlässig. Edrîsî hat vorzügliche Quellen gehabt, und darf also nie bei Seite gelassen werden. Wenn er aber etwas aussagt, wie dass der Djeihûn nur in den Aralsee münde, folgt daraus noch nicht, dass es zu seiner Zeit so war, sondern nur, dass er in seinen Quellen, die er gewöhnlich nicht nennt, so gelesen hat.

Aus dem Anfang des dreizehnten Jahrhunderts haben wir in Jacût einen sehr wichtigen Zeugen, der eben über diese Gegend mit am zuverlässigsten ist. Jacùt war in Khowârizm, als die Tataren herankamen, und flüchtete im Jahre 1220 aus Djordjânîja queer durch die Wüste nach Khorâsîn. Seine letzte Station in Khowârizm war Subornâ (III, S. 32 und 182), die erste in Khorâsân war Schahristân (III, S. 343), das 3 Stunden von Nesâ abliegt und derselbe Ort ist, wo in 1200 der Fürst von Khowârizm starb (Ibno-'l-Athîr, XII, S. 103, welcher den Ort Schahristâna nennt). Wenn es damals einen Arm des Djeihûn nach dem Kaspischen Meere gegeben hätte, müsste Jacût darüber jedenfalls etwas erfahren haben. Mit einer Ausnahme spricht er aber nirgends von solchem; im Gegentheil heisst die Gegend bei ihm Wüste wie bei Istakhrî und Ibn-Haukal, und mündet der Fluss nur in den See von Aral. Wenn man nun IV, S. 670 liest, dass der Djeihûn in das Meer von Tabaristân fällt, ist das in unversöhnlichem Streit mit Allem, was Jacût sonst lehrt. Offenbar ist die Stelle aus irgend einem Werke copirt und nicht revidirt, wie das auch anderswo in der grossen Compilation geschehen ist.

Aber aus der ersten Hälfte des vierzehnten Jahrhunderts sollen wir endlich einen Zeugen für die Bifurcation des Oxus haben, nämlich in Hamdollah Mostauff Kazwînî (+ 1349), aus dessen *Nozhato-'l-kolûb* Jaubert im „Journal asiatique" von 1833 zwei Stellen direct, eine dritte nach einem Citate im *Djihân-Numa* von Hadji-Khalifa übersetzt hat. Nach ihm haben sie dann Humbolt, II, S. 242 und Lenz, S. 12 f. mitgetheilt. Wir besitzen leider hier keine Handschrift der *Nozhat*, so dass ich die Uebersetzung nicht controliren kann. Doch im Ganzen halte ich sie für richtig, jedenfalls ist Hadji-Khalifa von der Bifurcation überzeugt. Dass aber so wenig der Eine als der Andere in diesem Punkte als Autorität gelten darf, hat Herr Lerch an ihren Aussagen selbst sonnenklar bewiesen. Prof. Lenz (S. 31) vermuthet einen Einfluss des Ptolemäus auf Hamdollah. Ersterm stehen ausserdem die Zeugnisse von drei viel zuverlässiger Zeitgenossen gegenüber. Abulfeda, der seine Geographie 1321 schrieb, ist zwar hauptsächlich ein Compilator, aber er hatte eine schöne Bibliothek, die er mit Einsicht und Verstand benutzte. Dimaschkî, der um 1325 seine Kosmographie herausgab, hat wohl einmal erzählen hören von einem Kanal des Djeihûn, der nach Westen fliessen und bei Kirmân (!) vorbei in das Persische Meer (!) münden sollte (ed. Mehren, S. 94), doch weiss er selbst nur von einem Ausflusse in den See von Khowârizm. Dann Ibn-Fadhlollâh, der Verfasser der *Masâlik al-abçâr*, der 1337 schrieb und auch über diese Gegenden sehr gut unterrichtet war. Man sehe die Auszüge, die Quatremère aus seinem Werke gegeben hat in den „Notices et Extraits", XIII, S. 230 und 288 (Le fleuve le plus remarquable qui arrose ce pays est le Djeihoun. Il prend sa source près de Waïdj et va se jeter dans le lac de Khavarizm). Schaden, dass Ibn-Batûta, der über den Ust-Urt nach Urgendj reiste und somit an Ort und Stelle die besten Nachrichten hätte erhalten können, nichts Bestimmtes über den untern Lauf des Oxus, gar nichts über die Mündung sagt. Lerch meint (S. 23), dass der Reisende kaum von einem in das Kaspische Meer mündenden Arm hätte schweigen können, wenn ein solcher zu seiner Zeit vorhanden gewesen wäre. Wie leicht aber dies Stillschweigen des Touristen wiegt, der zwar in der Nähe des Aibugîr's war, ihn aber nicht sah und vielleicht nicht einmal ahnte, hat Rösler l. c. S. 240 ff. auseinandergesetzt. Ebenso gut könnte man aus Ibn-Batûta folgern, dass man zu seiner Zeit, um von Urgendj nach Kât zu kommen, den Oxus nicht zu passiren hatte, da er auch der Ueberfahrt keine Erwähnung thut. Der Weg, dem Ibn-Batûta folgte, von Sarây nach Urgendj, war im vierzehnten Jahrhundert der grosse Handelsweg. Auch der Mönch Pascal aus Vittoria und Pegolotti reisten so nach Urgendj (s. Yule, „Cathay and the way thither", S. 234, 287, 294 vgl. 321). Ein Itinerar derselben Reise findet man bei Hakluyt, „The principal navigations, voiages cet," I, S. 336. Nachdem Sarây von Timur zerstört worden war, scheint der Weg zur See nach dem Hafen von Mangischlak und von da durch die Wüste nach Urgendj der Haupt-Handelsweg geworden zu sein.

Diesen Zeugen könnte man noch al-Watwât (+ 1318), bei Dorn, l. c., VII, S. 29, und Ibn-Schabîb (um 1330), bei Dorn, l. c. VI, S. 350 und 655 Anm. 100, zugesellen, doch die Autorität dieser Beiden scheint nicht gross. Grössere hat Ibn-Khaldûn (+ 1405), der in seiner *Mokaddama*, I, S. 81 und 137 auch nur eine Mündung des Oxus in den See von Aral kennt. Dagegen kann eine Aussage wie von Clavijo, „Narrative of the Embassy to the court of Timur at Samarkand, a. d. 1403—6", ed. Hakluyt Society 1859, S. 118 „This river — falls into the sea of Bakou" d. h. das Kaspische Meer, gar nicht in Anschlag kommen.

Aus dem fünfzehnten Jahrhundert haben wir in Abu-'l-Hasan Çâid ibn-Alî al-Djordjânî, der 881 der Hidjra, also 1476 oder 1477 starb [1]), einen sehr gewichtigen Zeugen, nach Eichwald, Humboldt, Lenz und Rösler für die Bifurcation, in Wirklichkeit aber gegen dieselbe. Wir besitzen jetzt in Leiden eine Handschrift dieses wichtigen Buches, dessen Werth schon

---

1) Reinaud bei Humboldt, II, S. 232, wo aber im Citat aus Uylenbroek, statt 25, S. 5 der Prolegomena zu lesen ist. Uylenbroek entnahm die Angabe aus der Leidener H.S. des Hadji-Khal.; sie fehlt in Flügel's Ausgabe, wird aber durch den Inhalt des Buches bestätigt. s. auch Fraehn, „Notic. Bibliogr." N. 203, citirt bei Dorn.

vor beinahe zwei Jahrhunderte von meinem hochverdienten Landsmann Nicolaas Witsen erkannt war. Dieser hat in seinem Werke „Noord- en Oost-Tartarije", I, S. 491 ff. viele Auszüge aus diesem Buche gegeben, wie es aber scheint, nicht nach der Handschrift, die jetzt in Leiden ist, sondern nach der, welche sich im British Museum befindet. Denn die Auszüge, welche Prof. Dorn neulich aus letzterer in Uebersetzung veröffentlicht hat („Mélanges asiatiques", l. c. VII, S. 36 ff.) stimmen zu denen bei Witsen; von Beiden weicht aber die Leidener Handschrift im Einzelnen ab. Die für unsern Zweck wichtigen Stellen sind die folgenden, die ich nach Dorn's Uebersetzung gebe, jedoch mit einigen Verbesserungen aus der Leidener Handschrift: „See von Abesgûn, See von Khazar und Meer von Gorgân ist alles eines. Es ist derselbe See, dem man verschiedene Namen beilegt, weil eben diese Orte rund um ihn herumliegen. Abesgûn ist ein kleines Dorf an seinem Ufer in dem Bereich von Gorgân und Mazanderân. Abesgûn zur Rechten ist Dehistân, dann Siâh-Kûh und das Land von Balkhûn [1]), dann Man-Kischlâk [2]), dann Khazar, dann Samandar, dann das

---

1) So hat die H.S. deutlich. Es ist aber in beiden H.SS. ein offenbarer Schreibfehler, dass das Siâh-Kûh vor Balkhûn genannt wird.
2) So hat es die H.S. hier in zwei Worten, wie auch Witsen, S 496.

Derbend von Khazar, das man auch Bâbo-'l-abwâb nennt und Bakûjah¹), dann Schirwân, dann Mûkân, dann Arrân, dann Gîlân²) und Dailem, dann Tabaristân, dann Gorgân und dessen Bereich, und endlich Abesgûn. Die Länge dieses See's von Abesgûn bis Khazar ist 260 Parasangen, und die Breite 218 Parasangen³). Grosse Flüsse (*djeihûn*) ergiessen sich in das Meer, vorzüglich aus Mazanderân, Dailem und Gîlân. Das Wasser dieses See's ist salzig und bitter, mit Ausnahme von den Stellen, wo Fluss-Wasser sich in denselben ergiesst, und sich noch nicht [mit dem Seewasser] vermischt hat. Auch der Fluss (*djeihûn*) Itil ergiesst sich in diesen See". Die zweite Stelle ist: „Der See von Djend und Khowârizm (Witsen hat Djend als Appellativum genommen und daher die Stelle missverstanden). In dem Bereich von Djend ist ein See, den man auch See von Khowârizm nennt. Sein Umfang beträgt 100 Parasangen; im Durchmesser hat er 32 Parasangen. Sein Wasser ist salzig. Der Fluss (*djeihûn*) von Khowârizm fällt in denselben, ebenso der Fluss (*djeihûn*) von Djâdj (Schâsch =

---

1) „Die Angabe findet sich öfter, ist aber nicht genau" Dorn.
2) So hat Witsen. Unsere H.S. hat Schekmil, Dorn Schekîl, das er in Scheki ändert.
3) Diese Stelle ist bei Dorn verderbt.

Tâschkend) und Ferghâna. Zwischen der Stelle wo der Fluss von Khowârizm in ihn fällt, und der, wo der Fluss von Djâdj und Ferghâna (der Jaxartes) einmündet, sind 20 Parasangen. Diese beiden grossen von mir genannten Flüsse und einige andere kleinere Flüsse fallen in den See; und obgleich sein Umfang klein ist und sein Wasserbestand gering, so nimmt sein Wasser doch nicht zu. Es scheint, dass das Wasser einen Abfluss hat. Möglich, dass es jener Strudel ist, im Meer von Abesgûn, welcher oben des Weitern erwähnt worden ist. Am Ufer dieses See's ist ein Berg (Gebirge), welcher Djaghrâ heisst".

Die dritte, nicht von Dorn übersetzte, Stelle lautet: „Abschnitt über die Flüsse (*djeihûnhâ*). Ein grosser Bach (*djowî*) heisst Fluss (*rûd*), einen grossen Fluss nennt man *djeihûn*, obgleich Djeihûn eigentlich der Name jenes mächtigen Stromes ist, der an Tirmidh vorbeifliesst und in den See von Djend [1]) fällt".

Endlich diese, auch nicht von Dorn übersetzte: „Der djeihûn von Khowârizm. Im Vorgehenden ist schon gesagt, dass der Name Djeihûn eigentlich diesem Flusse gehört, doch von den Leuten auf sämmtliche

---

1) Witsen hat wiederum *djend* als Appellativum genommen und daher falsch übersetzt „in verschiedene See'n" Nach ihm citirt die Stelle Humboldt, II, S. 231 Anm.

grosse Flüsse angewandt wird. Der Djeihûn aber entspringt aus dem Lande Wakkhân aus den Bergen von Tibet; er fliesst dann an den Grenzen von Badakhschân vorüber und erhält, wenn er in das Land von Khottalân und Wakhsch kommt, den Zufluss von fünf grossen Flüssen, wonach diese Gegend Pendjâb heisst. Aus Kobâdiân bekommt er neue Zuflüsse, und erreicht das Gebiet von Balkh, fliesst zwischen Tirmidh und Balkh durch, dann an Kâlif, Zemm und Amûja (Amol) vorbei, und erreicht endlich Khowârizm, wo er sich in den See von Djend und Khowârizm ergiesst. Am Ufer des Djeihûn zählt man von Badakhschân nach Tirmidh 13 Stationen, von Tirmidh bis Zemm 5, von Zemm bis Amû 4, von Amûja bis Khowârizm 12, von Khowârizm bis zum See von Djend 6. Aus dem Djeihûn ist ein grosser Kanal abgeleitet nach der Seite von Kât, welchen man Kât-Khowâra nennt. Einen Tagemarsch aber, bevor man an diesen Kanal kommt, hat man im Djeihûn eine für die Schiffe sehr gefährliche Stelle, da das Bett des Flusses daselbst zwischen zwei Bergen eingeengt ist, und das Wasser sich mit Gewalt von oben her durch diese Enge herabstürzt. Da kann man die Schiffe nur mit grosser Vorsicht durchbringen. Im Winter ist die Oberfläche des Wassers mit Eis bedeckt, so stark, dass es Menschen und Vieh trägt. Das Zufrieren fängt an der Seite (vom Meer) von Djend an und breitet sich dann allmählich aus, bis gegenüber Khowârizm." Ueber den Jaxartes ist Djordjânî kürzer: „Der Fluss (*djeihûn*) von Djâdj wird in den Büchern Nahr Schâsch genannt, da man Schâsch statt Djâdj schreibt. Er entspringt aus Turkistân, unweit Djigil, passirt das Gebiet von Uzkend, nimmt den Eilàk-Bach auf, fliesst durch das Land von Akhsîketh, dann durch Khodjend, dann durch Fàrâb, endlich durch das Gebiet von Türken- und Turkmanen-Stämme nach dem See von Djend." — Ueber die Wüste von Khowàrizm hat er nur diese wenigen Worte: „die Wüste zwischen Khowârizm und Khoràsân ist so bekannt, dass sie keiner nähern Beschreibung bedarf. Die Breite ist ungefähr 100 Parasangen".

Dass übrigens Djordjânî in diesen Gegenden gut bewandert war, beweisen auch seine Länge- und Breite-Tabellen, in welchen er den Hafenort von Mangischlak, den er Çul nennt [1]), den Brunnen Miântschâh in der Mitte der Wüste zwischen Nesà und Khowàrizm, auch von Mokaddasî erwähnt, Ribât-Faràwa

---

1) صل. Hier hat er سقشلاخ (wohl ohne Zweifel بنقشلاخ) in der Leidener H.S.

im Gebiet von Djordjân, Grenzort gegen die Ghozz, Djordjânîja, die vornehmste Stadt in Khowârizm, Kât, die zweite, und Darghân, die letzte Stadt in Khowârizm nach Bokhârâ zu, verzeichnet.

Nach diesen Mittheilungen ist es klar, dass Eichwald nur durch den Gebrauch des Namens *djeihûn* als Appellativum irregeleitet wurde, dass im Gegentheil Djordjânî ein wichtiger Zeuge dafür ist, dass in der Mitte des fünfzehnten Jahrhunderts der Oxus weder in das Kaspische Meer sich ergoss, noch einen Arm nach diesem Meere schickte.

Sir Henry Rawlinson hat in den „Proceedings of the R. Geographical Society" 1867, Auszüge gegeben aus einer „Beschreibung von Chorasân", von einem Ungenannten um das Jahr 1418 in Persischer Sprache verfasst. Nach diesem sollte im Anfang des fünfzehnten Jahrhunderts nicht nur der Oxus in das Kaspische Meer gemündet, sondern sogar der Aralsee nicht mehr bestanden haben. Nach Djordjânî's ausführlichen Nachrichten kann kein ernstlicher Zweifel daran sein, dass diese Mittheilungen ungeschichtlich sind. Rösler (S. 245 ff.) hat es wahrscheinlich gemacht, dass die Quelle des Verfassers Hamdollah Kazwînî's *Nozhato-'l-kolûb* war, über dessen Unzuverlässigkeit oben die Rede war.

So kommen wir zu Abulghâzi Bahadurkhân, dem

fürstlichen Geschichtschreiber, der von 1605 bis 1665 lebte, und bis jetzt als Hauptzeuge, nicht für eine Bifurcation des Oxus, sondern für die Ausmündung des Amû-Darja in das Kaspische Meer gegolten hat. Es werden von ihm gewöhnlich drei Stellen citirt, von welchen man aber eine sogleich streichen kann. Nach der Uebersetzung von Jaubert erwähnt Abulghâzi, dass ein Jahr nach dem Tode Isfendiâr-Khân's, der 1643 starb, die Gegend, wo der Amû in den See mündet, den Namen Aral erhielt. Es ist diese Uebersetzung eine von denen, wie sie Jaubert zu machen pflegte. Die neue Uebersetzung des Baron Desmaisons, die ich auch fernerhin stets citiren werde, giebt Abulghâzi's Worte so wieder, S. 338: „En 1054 de l'Hégire, au commencement de l'année du mouton (A. D. 1644), et un an après la mort d'Isfendiâr-Khan, je fus proclamé Khan dans le pays appelé Aral, qui est l'endroit où le fleuve Amou se jette dans la mer." Und dass diese und nicht die andere Uebersetzung richtig ist, folgt, wie aus dem ganzen Zusammenhang, so schon daraus, dass diese Gegend schon vor 1644 so hiess, und sogar von Isfendiâr-Khân selbst so genannt wird (S. 331). Der Ursprung des Namen Aral ist nicht ganz sicher. Da *aral* Insel bedeutet (s. z. B. Humboldt, II, S. 256 Anm.), mag der Name eigentlich die Delta-Insel des Flusses bezeichnet haben. Es ist aber zu bemerken, dass Aral auch als Name eines Mongolenfürsten vorkommt, s. Abulghâzi, S. 67.

Ehe wir aber die andern Stellen untersuchen, müssen wir den Reisebericht des Engländers Jenkinson lesen, der 1558 Urgendj besuchte, und dessen Zuverlässigkeit, wie Lenz S. 19 und Lerch S. 27 f. zur Genüge bewiesen haben, nicht zu bezweifeln ist. Der erste Ort von Khowârizm, welchen dieser, von dem Kaspischen Meere kommend, erreichte, war Sellizure (auch einmal Sellyzure, und auf der Karte Schaysure geschrieben), welcher Name, nach der scharfsinnigen Vermuthung des Herrn Lerch (S. 27 und 41), verstümmelt ist aus Schehri-Wezîr, das gewöhnlich zu Wezîr abgekürzt ist. Jenkinson sagt von diesem Orte: „Das Schloss Sellizure liegt auf einem hohen Hügel, wo der König, der Can genannt, residirt; sein Palast ist aus Erde gebaut, sehr schlecht und nicht stark. Das Volk ist arm und hat nur unbedeutenden Binnenhandel. An der südlichen Seite dieses Schlosses ist flaches Land, aber sehr fruchtbar, da wachsen viele guten Früchte.....; das Wasser, welches diese ganze Gegend bewässert, ist durch Gräben aus dem Oxusflusse gezogen, zu grossem Schaden des genannten Flusses, aus welchem Grunde er auch nicht mehr in das Kaspische Meer fliesst, wie er es früher gethan, und in kurzer Zeit wird voraussichtlich das ganze Land zerstört sein und wird aus Wassermangel eine Wüste werden, wenn der Oxusfluss fehlen wird". Aus diesen Worten scheint zu folgen, dass der Oxusarm, der an Urgendj vorbeilief, oder der Kanal von Urgendj schon damals Mangel an Wasser hatte. Was Jenkinson über die Mündung in das Kaspische Meer sagt, ist, wie ich hoffe zeigen zu können, eine naive Verbindung seiner von Europa mitgebrachten Vorstellungen mit seinen an Ort und Stelle gemachten Erfahrungen.

Die Schwierigkeiten der Erklärung von Jenkinson's Reise vom Kaspischen Meere nach Urgendj sind nach meinem Urtheil von Prof. Lenz im Ganzen treffend gelöst. Sie stammen eigentlich nur aus einer Ursache, die man nicht genug im Auge behalten hat. Dass der Oxus in das Kaspische Meer mündete, war in Europa bis zur Zeit Peters des Grossen (vgl. Lenz, S. 11) eine so feste Ueberzeugung, dass noch Nicolaas Witsen (I, S. 497 Anm.) zu Djordjânî's Beschreibung des See's von Khowârizm bemerkt: „Beachte, dass der Persische Schriftsteller die Beschreibung dieses See's einigermassen, aber undeutlich, mit der des Kaspischen Meeres zu vermischen scheint; denn er sagt, dass der Fluss Dzjihoeni, das ist der Oxus, in jenen fällt, da man doch weiss, dass dieser in das Kaspische Meer mündet". Witsen (S. 368b) verwechselte Djordjânîja mit Djordjân, wie vielleicht auch Andere, daher sein Irrthum. — Jenkinson erfuhr auf seiner Reise, dass der Amû nicht in das Kaspische Meer floss, obgleich die Sage war, dass er es früher gethan; an den Aibugîr, den südlichsten Theil des Aralsee's kommend, hörte er, dass der Oxusarm, der jetzt Laudân heisst, diesen nicht mehr erreichte; seine theoretischen Ansichten mussten ihn zu dem Schluss führen, dass dieser Aibugîr ein Busen des Kaspischen Meeres wäre, wie es denn auch auf der Karte im „Theatrum Orbis Terrarum" von Ortelius dargestellt ist. Ob der Aibugîr damals schon oder nicht mehr oder noch nicht mit dem Aralsee verbunden war (vgl. Lenz S. 35, 47 f.), thut nichts zur Sache.

Wie Prof. Lenz beinahe zur Gewissheit gebracht hat, landete Jenkinson, als er von Astrakhan kam, am nördlichen Ufer des Kara-Kitschu-Busens; er begab sich von dort nach Mangischlak und reiste von hier in 20 Tagen durch die Wüste nach dem Aibugîr-See. Seine Worte sind: „Und als wir fertig waren, den 14ten September, verliessen wir jenen Ort (wo er gelandet war); unsere Karavane zählte tausend Kameele. Als wir fünf Tage gereist waren, kamen wir in das Gebiet eines andern Fürsten, und uns begegneten einige Tartaren zu Pferde, gut bewaffnet, und Diener des besagten Fürsten mit Namen Timur Sultan, Landvogt der genannten Gegend Manguslave (Mangischlak), wo wir beschlossen hatten zu landen und uns auszuschiffen, hätte der grosse Sturm, von dem ich erzählt, uns nicht daran gehindert. Diese Tartaren also hiessen unsere Karavane im Namen ihres Fürsten Halt machen, öffneten unser Gepäck und nahmen, was ihnen gut dünkte, für ihren Fürsten ohne Zahlung; wegen dessen aber, was sie mir nahmen, nämlich ein Neuntel (nach vielem Gezank), ritt ich zu demselben Prinzen und machte ihm meine Aufwartung, indem ich ihn um seine Gnade bat und einen Pass, durch sein Land zu reisen und nicht von seinen Leuten geplündert oder beraubt zu werden. Diese Bitte gewährte er mir, und er empfing mich sehr höflich, indem er befahl, mich gut mit Fleisch und Pferdemilch zu versehen; denn Brot gebrauchen sie nicht, und trinken nichts als Wasser. Geld für die Sachen, welche er mir nahm, hatte er nicht — sie hatten einen Werth von 15 Rubel in Russischer

Münze —, aber er gab mir seinen Brief und ein Pferd zum Werthe von 7 Rubel. Und so verliess ich ihn, froh, dass ich ihm entkommen war, denn, wie man sagte, war er ein ächter Tyrann, und ich erfuhr, dass, wenn ich nicht zu ihm gekommen wäre, man mich auf seinem Befehl würde beraubt und ermordet haben. Dieser Sultan lebt im Felde, ohne Schloss oder Stadt, und sass, als ich bei ihm war, in einem kleinen runden Hause, von Rohr gemacht, aussen mit Filz, innen mit Teppichen überdeckt. Bei ihm war der Gross-Metropolitan dieser Wildniss, durch das Volk geehrt, wie der Bischof von Rom in den meisten Ländern Europa's, mit verschiedenen andern seiner vornehmsten Leute. Der Sultan sowie der Metropolitan richteten an mich manche Frage, sowohl über unsere Königreiche, Gesetze und Religion, als über die Ursache, weshalb ich in diese Gegenden käme, und über meine weitern Absichten. Ich beantwortete sie alle so, wie es mir am Besten schien, und sie waren damit zufrieden. Als ich mich nun verabschiedet hatte, holte ich unsere Karavane ein, und wir setzten unsere Reise fort, und zogen vom Meeresufer 20 Tage durch die Wüste, ohne Stadt oder Wohnung zu sehen; wir hatten für diese Zeit Lebensmittel mitgenommen, waren aber doch genöthigt, eins meiner Kameele und ein Pferd für unseren Theil (der Karavane) zu essen, und ebenso machten es die Andern. Während dieser 20 Tage fanden wir kein Wasser ausser dem, welches wir aus alten tiefen Brunnen schöpften, das aber sehr brackig und salzig war; bisweilen reisten wir zwei oder drei Tage ohne dass wir auch nur solches fanden. Und am 5ten Tag des folgenden Octobers kamen wir wieder an einen Busen des Kaspischen Meeres, wo wir das Wasser sehr frisch und süss fanden: an dieser Bai begegneten uns die Douaniers des Königs von Türkemann, die von jeden 25 Stück $1^7/_9$ als Steuer für den König und seine Brüder nahmen; nachdem sie dies erhalten hatten, zogen sie ab; wir aber blieben hier einen Tag länger, um uns zu erholen.

Bemerke, dass in vergangenen Zeiten hier in diesen Busen der grosse Fluss Oxus mündete, der seine Quellen hat in den Bergen von Paraponisus in Indien, und jetzt nicht mehr so weit gelangt, sondern in einen anderen Fluss, genannt Ardock, fällt, welcher nordwärts fliesst und sich in den Erdboden verliert, indem er unter dem Boden 500 Meilen fortströmt; alsdann kommt er wieder zu Vorschein und fällt in den See von Kithay.

Nachdem wir uns an besagtem Busen erholt hatten,

brachen wir von dort am 4ten October auf und kamen den 7ten zu einem Schlosse mit Namen Schellizure, wo ein König, Azimcan (Hâdji Mohammed Khân) genannt, mit dreien seiner Brüder residirt........

Am 14ten desselben Monats reisten wir ab vom Schloss Sellizure, und am 16ten desselben kamen wir in einer Stadt an, mit Namen Urgence........"

In den Daten Jenkinson's sind zwei Ungenauigkeiten. Dass er den 4ten October vom Meerbusen nach Sellizure abreiste, stimmt nicht zu dem Vorhergesagten, wie schon Lenz (S. 20) bemerkt hat. Der andere Schreibfehler scheint bisher der Aufmerksamkeit entgangen zu sein. Jenkinson sagt da, wo er von der Landung spricht, dass vom Landungsplatze nach Sellizure 25 Tagemärsche sind, und zählt demnach von da nach dem Lager des Timur Sultan 5, dann durch die Wüste 20 Tage. Ebenso liest man am Ende der Reisebeschreibung (Hakluyt S. 335), wo die Breite verschiedener Ortschaften angegeben wird: „Urgence in der Tartarei 20 Tagemärsche vom Kaspischen Meere (d. h. von Manguslave)". Auch auf der Karte heisst es: „A Mangusla Schaysuram usque 20 dierum iter habent, sine ullis sedibus cum summa aquae penuria". Der 14te September ist also nicht der Tag, an welchem sie vom Landungsplatze reisten, sondern der, an welchem sie das Südufer des Busens, wo der Hafenort von Mangischlak war, verliessen, und die 5 Tagemärsche müssen vom Landungsplatze bis Mangischlak aus gezählt werden.

Also vom südöstlichem Winkel der Kaidak-Bai reiste die Karavane zwanzig Tage durch die Steppe. Nach welcher Richtung? Prof. Lenz hat schon aus dem Berichte über die Erhebung der Zollgebühren, die Jenkinson zweimal, beim Anfang und am Ende der Wüstenreise, zahlen musste, den Schluss gezogen, dass er auf dem gewöhnlichen Handelswege zwischen Mangischlak und Urgendj reiste, „denn Zollämter befinden sich stets auf den Handelsstrassen. Noch gegenwärtig führt der Handelsweg von Urgendj zum Aral-See und von dort über den Ust-Urt, und es ist kein Grund zu der Annahme vorhanden, dass vor 300 Jahren der Weg ein anderer gewesen sein sollte; Handelswege im Orient sind ebenso constant wie Flussläufe". Und so war es wirklich. Abulghâzi, über diese selbe Zeit sprechend, sagt S. 275: „Les pèlerins et les marchands du Mâvèrân-Nahr se rendaient ordinairement dans le Chirvan en passant par Urguendj, d'où ils allaient s'embarquer à Manghichlàq pour le Chirvan, et cela disaient-ils, pour ne pas voir la figure d'un Qizil-Bâch (tête-rouge, sobriquet donné par les Turcs aux Persans)". Und S. 294: „Ayant appris dans cette province (le Chirvân) les derniers événements qui venaient de se passer dans le pays d'Urguendj, il partit par mer du Chirvan et vint débarquer à Manghichlâq, d'où il arriva à Urgendj...." Der Weg von Mangischlak nach Urgendj über das Ust-Urt war also der grosse Handelsweg im sechszehnten Jahrhundert und wahrscheinlich schon viel früher bekannt, denn Istakhrî sagt (S. 304), dass zwischen dem Kaspischen Meere und dem Aralsee in gerader Entfernung ungefähr 20 Tagemärsche sind, was merkwürdig genau zu den Angaben Jenkinson's stimmt. Ferner ist zu beachten, dass die Karavane von tausend Kameelen nicht einfach aus Jenkinson's Leuten bestand, auch wenn man zu ihnen die Perser und Tartaren zählt, die mit ihm von Astrakhan abgesegelt waren; denn dies ist nicht nur selbstverständlich, sondern wird auch von Jenkinson geradezu ausgesprochen, indem er bei der Beschreibung der Reise durch die Wüste sagt, dass er für sich und die Seinigen ein Kameel und ein Pferd schlachten musste, wie auch die Andern thaten. Diese Andern aber, Kaufleute oder Hâdjî's, werden natürlich dem gewöhnlichen Karavanenweg gefolgt sein. Wenn Jenkinson nur mit seinen Leuten gereist wäre, dürfte man vielleicht annehmen, dass er, anstatt von Mangischlak gleich in östlicher Richtung nach Khowârizm zu gehen, einen Umweg gemacht hätte (von ungefähr 200 Werst nach Lenz S. 22); doch in dieser Gesellschaft konnte er das nicht thun. Auch beweist dieser Umstand, dass in Jenkinson's Daten die Ungenauigkeit ist, die ich oben notirt habe. Denn an dem Orte, wo Jenkinson, durch Sturm gezwungen, gelandet war, „wohnten nur grobe Bauern und war früher weder Schiff, noch Nachen je angekommen"; dass sich dort die grosse Karavane gebildet habe, ist gar nicht anzunehmen. Dies muss in Mangischlak geschehen sein. Und warum hatte Jenkinson gerade beschlossen, in Mangischlak zu landen? Offenbar weil er wusste, dass von hier aus der Karavanenweg nach Urgendj ging. Er muss also über diesen Weg ziemlich gut unterrichtet gewesen sein, wozu er in Astrakhan Gelegenheit hatte. Wenn wir nun seine Karte zu seinem Itinerar legen, so kann kein Zweifel daran sein, dass er von Mangischlak nach Osten gereist ist.

Ferner passen die Distanz-Angaben nur auf die Reise von Mangischlak nach dem Aibugîr-Busen und so weiter nach Wezîr und Urgendj. Um diese einer andern Auffassung anzupassen, hat man sogar die Vermuthung aufgestellt, dass der Karaboghaz damals viel tiefer nach Osten in das Land eindrang (Humboldt, „Asie Centrale", II, S. 227—230). Diese Vermuthung wird aber vom keiner Seite bestätigt, kann vielmehr nicht wahr sein (Lenz, S. 22 f.). Auch ohne diese Voraussetzung lassen Andere Jenkinson nach 20 Tagen an den Karaboghaz kommen, um dann in 3 Tagen Wezîr zu erreichen. Meines Erachtens ist es aber durchaus nicht möglich, mit einer Karavane durch die Wüste von dem Karaboghaz nach dem Aibugîr in 3 Tagen zu reisen, ja nicht einmal in der doppelten und dreifachen Zeit. Ist denn die Wüste zwischen Kaidak-Busen und Karaboghaz so reich an Beschwerden, dass Jenkinson dazu 20 Tage brauchte, das Land zwischen Karaboghaz und Aibugîr dagegen so bestellt, dass man es mit Extra-Post durchfahren kann? Die beste Antwort hierauf geben die Resultate der Russischen Expedition im Jahre 1873. Die Russische Armee brauchte von Kinderli, an der Südwestseite der Halbinsel Mangischlak 13 Tage nach Ilte-Idsche, von welchen 6, wie Herr Stumm an Herrn Petermann schrieb (Mittheilungen, 1873, S. 283) „in der vollständigsten terra incognita, die noch nie der Fuss eines Europäers betreten hat"; und von da rechnet er (S. 286) 5 bis 6 Tage bis zu dem Aibugîr-See. Man sieht, es sind wieder ungefähr zwanzig Tage vom Kaspischen Meere bis zum Aibugîr. Und man bedenke, dass die Armee, die jedenfalls gut ausgerüstet und verproviantiert war, schneller fort kommen konnte als die Karavane Jenkinson's. Wenn man die Distanzen zwischen Orten, deren Lage uns bekanntist, mit den Tagemärschen vergleicht, die Jenkinson für diese Distanzen brauchte, so sieht man klar, dass er langsam reiste, wie es in jenen Gegenden wohl kaum anders möglich war. Die Entfernung von Mangischlak bis Urgendj beträgt in gerader Linie etwa 520 Werst (Lenz, S. 22 vgl. 21); man muss somit wenigstens 600 für den Karavanenweg rechnen. Auf alle Fälle kommen aber doch noch nicht 30 Werst auf einen Tagemarsch[1]) (vgl. Lenz, S. 35 und 36).

Wenn sodann Jenkinson die Mündung des Oxus in das Kaspische Meer sollte gesehen haben, so müsste er nicht am Karaboghaz, sondern am Balkhânbusen gewesen sein, was, wie auch Herr Lerch zugiebt, ganz unmöglich ist. Endlich ist es, wie Prof. Lenz auseinandergesetzt hat, ebenso gut möglich, aus Jenkinson's Bericht heraus zu lesen, dass er von dem Meer-

---

1) Soviel beträgt der Tageweg der Eingebornen, s. Schmidt, „Die Expedition gegen Chiwa" in der Russischen Revue, 1874, V, S. 9. Die Russische Truppen machten sogar Tagemärsche von 30 bis 50 Werst, Schmidt, l. c

busen, den er fälschlich einen Busen des Kaspischen Meeres nennt, in einem Tage als in drei Tage nach Sellizure gekommen ist. Ich glaube, dass Ersteres die richtige Angabe ist, komme aber auf diesen Punkt zurück.

Seltsam ist es, dass man, wie ich sehe, immer nur die Hinreise Jenkinson's betrachtet hat, ohne Vergleichung seines Rückweges. Er beschreibt diesen mit folgenden Worten: „Den 25sten März kamen wir zu der oben beschriebenen Stadt Urgence...... In meiner Gesellschaft und unter meiner Obhut waren zwei Gesandte, einer vom König von Boghar (Bokhârâ), der andere vom König von Balke (Balkh), die an den Russischen Kaiser abgesandt waren. Nachdem wir uns in Urgence und Schloss Sellizure acht Tage aufgehalten hatten zum Zweck der Sammlung und Ausrüstung unserer Karavane, reisten wir am 2ten April von da ab. In unserer Gesellschaft befanden sich noch vier andre Gesandte, die vom König von Urgence und den andern Sultanen, seinen Brüdern, an den Russischen Kaiser geschickt wurden, mit Antwort auf die von mir erwähnten Briefe: auch diese Gesandten wurden von den genannten Fürsten und Prinzen unter meine Obhut gestellt, welchen ich feierlich gelobte und beschwur, dass sie in Rusland gut empfangen werden und Urlaub erhalten würden, in Sicherheit von da wieder heimwärts zu kehren, wie der Kaiser von Rusland in seinen Briefen geschrieben hatte: sie hatten nämlich einigen Zweifel daran, da in längerer Zeit keiner aus Tartaria nach Rusland gereist war.

Den 23sten April kamen wir abermals an das Mare Caspium, wo wir unser Boot, worin wir gekommen, wiederfanden, doch ganz und gar abgetakelt......"

Man sieht, er braucht für den Rückweg von Sellizure nach Mangischlak 21 Tage, was zu den Angaben über die Hinreise stimmt, und auch für die Distanz zwischen Sellizure und der Wüstenseite des Aibugîr wiederum nur höchstens einen Tagemarsch ergiebt. Die Hinreise von Mangischlak nach dem Aibugîr dauerte einen Tag länger, den man wahrscheinlich für den Aufenthalt bei Timur Sultan ansetzen muss. Da die Distanzangaben stimmen, muss auch die Route bei der Hinreise und der Heimkehr dieselbe gewesen sein, und auf keinen Fall ist von letzterer anzunehmen, dass für sie ein andrer als der gewöhnliche und kürzeste Weg nach Mangischlak gewählt wäre.

Nach allem Gesagten bleibt keine Wahl, als mit Lenz (S. 25) zu schliessen, dass „Jenkinson auf seiner Reise von Mangischlak nach Urgendj nicht an einem Busen des Kaspischen Meeres gewesen; auch hat er nicht die frühere Mündung des Amu-Daria in diesen Busen gesehen; wenn er von solch einer Mündung spricht, so steht er unter dem Einflusse der in Europa in jener Zeit verbreiteten Ansicht, oder er erzählt die Traditionen, welche unter den Turkmenen und Chiwensern über den alten Lauf des Amu gang und gäbe sind. Es darf demnach Jenkinson nicht als Augenzeuge citirt werden, wie dies in der Regel geschieht, und seine Aussagen haben nicht mehr Gewicht als die anderer Schriftsteller, welche nach Hörensagen über den alten Lauf des Amu-Daria berichten. Nur so viel lässt sich aus Jenkinson's Bericht mit Sicherheit folgern, dass zu jener Zeit der Amu-Daria nicht mehr in das Kaspische Meer mündete, sonst hätte Jenkinson davon nicht als von einer vergangenen Erscheinung sprechen können, zu einer Zeit, wo allgemein in Europa ein solcher Ausfluss noch angenommen wurde."

An dieser Folgerung haben wir für jetzt genug, und können zu der Hauptstelle Abulghâzi's übergehn. Unter der Regierung Sofjân-Khâns in Urgendj, um 1525, weigerten sich die Turkmanen von Abulkhân, wie Abulghâzi das Balkhân-Gebirge nennt, die Steuern zu zahlen, und ermordeten die Einnehmer. Sofjân-Khân beschloss, sie zu züchtigen, und zog nach Abulkhân. „Zu jener Zeit", sagt nun Abulghâzi, S. 221 (vgl.

Lerch S. 25 f.), „war der ganze Weg von Urgendj bis zu Abulkhân ein Gehen von Zeltlager zu Zeltlager, weil der Amû-Darja, nachdem er an den Mauern von Urgendj vorbeigeströmt war, zum Fusse des östlichen Abhanges des Abulkhân-Gebirges floss, worauf er Anfangs eine südwestliche, dann eine westliche Richtung nahm, und endlich bei Ogûrtscha sich in das Meer von Mâzanderân ergoss. Auf beiden Seiten des Flusses gab es bis Ogûrtscha, in ununterbrochener Reihe Felder, Weingärten und Baumpflanzungen. Im Sommer zogen sich die Einwohner auf die Berge zurück, in der Zeit der Mücken und Stechfliegen trieben sie ihre Heerden nach den Brunnen, ein oder zwei Tagereisen vom Flusse; wenn die Zeit der Mücken vorüber war, näherten sie sich wieder dem Flusse. Die ganze Ufergegend war gut bebaut und bevölkert. Von Pischgâh (eine starke Tagreise von Urgendj entfernt) bis Kara-Kidschit [1]) lebte an beiden Seiten des Stromes der Stamm Adagli-Khizir (die Chizir von der Insel), von Kara-Kidschit bis westlich von den Abulkhân-Bergen der Stamm Alî, von hier bis zur Mündung die Tiwetschi (Kameelzüchter).

---

1) Oder Karagidschit wie Rösler S. 201 spricht. Der Name bedeutet „Schwarze Furt."

Aber wir wollen uns nicht weiter von unserm Gegenstand ablenken lassen".

Die Aechtheit der Stelle, die von St. Martin bezweifelt wurde, ist unbedenklich. Selbst die letzten Worte sind ganz im Stil des Abulghâzi, der auch S. 301 eine solche Episode auf dieselbe Weise abbricht. Es ist aber nicht zu verwundern, dass sie schon längst als äusserst wichtig betrachtet ist. Abulghâzi kannte das ganze Gebiet zwischen Khowârizm und Khorâsân, das er selbst mehrmals durchkreuzt hat. Er war nicht beeinflusst durch die in Europa herschenden Meinung über die Mündung des Oxus in das Kaspische Meer. Seine Erzählung trägt im Allgemeinen das Gepräge von Treue und Wahrheitsliebe. Noch für Humbolt war sein Zeugniss nur die Ergänzung einer langen Reihe von Zeugnissen für die Bifurcation des Oxus, der seit alten Zeiten bis in's sechszehnte Jahrhundert einen Arm nach dem Kaspischen Meere gesandt haben sollte. Jetzt, nun die ganze Reihe gestrichen ist, steht sein Zeugniss vereinzelt da. Eben dadurch aber wird seine Mittheilung sehr unwahrscheinlich. Als Djordjânî, der 1466—7 starb, seine Geographie schrieb, also um 1450, mündete der Oxus nur in den See von Aral; als Jenkinson 1558 diese Gegend besuchte, erfuhr er, dass der Fluss nicht mehr in das Kaspische Meer fiel, wie er es *in vorigen Zeiten* gethan. Wenn also um 1525 der Oxus den von Abulghâzi beschrieben Lauf gehabt hätte, müsste er innerhalb eines Jahrhunderts seinen Lauf zweimal geändert haben, was in solchem Grade unwahrscheinlich ist, dass wir es nicht ohne die allersichersten Zeugnisse annehmen können. Besehen wir aber die Stelle selbst einmal genau. Diese leidet an inneren Widersprüchen. Einmal sagt Abulghâzi, dass man dem Strome folgend von einem Zeltlager der Turkmanen zum andern kommt. Dann, dass die beiden Ufer in ununterbrochener Reihe mit Feldern, Baum- und Weingärten bedeckt sind. Die Einwohner sind Ackerbauer — und im Sommer und Herbst sind sie nicht zu Hause, sondern nomadisiren mit ihren Heerden. Dieser Widerspruch ist nicht zu heben. Dann stimmt die Beschreibung des Laufes nicht zu der Richtung des alten Bettes, wie es uns jetzt beinahe ganz bekannt ist. Um sie damit in Einklang zu bringen, muss man unter den Abulkhân-Bergen hier nicht, wie sonst überall, das Balkhân-Gebirge verstehen, sondern den Ust-Urt (Lenz S. 29 und 40). Ausserdem lässt Abulghâzi den Oxus münden bei Ogûrtscha, das man nach seinen Worten für einen Ort auf dem Festlande halten würde, das aber, wie bekannt, eine Insel ist gegenüber der Khiwenser Bai, viel südlicher als der Balkhânbusen, wo ja die Hauptmündung des Oxus war. Gegen diese Bemerkung kann man jedoch anführen, dass auch in den Khiwenser Busen ein Arm des Oxus mündete (vgl. Lenz, S. 39), und dass Ogùrtscha vielleicht Collectivname war für die Gesammtheit von Inseln, die gegenüber dem Balkhân'schen und dem Khiwenser Busen liegen, da Woodroofe (bei Hanway, I, S. 150 ff. der Holländischen Uebersetzung) sie die Ogurtjoyschen Inseln nennt.

Ich denke mir die Sache so. Abulghâzi war bei seinen vielen guten Eigenschaften doch nicht frei von Pedanterie und ziemlich beschränkt. Er war nicht nur, wie Humboldt sagt (S. 234) „in der glücklichsten Unwissenheit des klassischen Alterthums", sondern überhaupt der Geschichte vor Djengiz-Khân (1155— 1227), dessen Stammutter in der zehnten Generation nach ihm schon ein halb mythisches Wesen ist, die auf mirakulöser Weise befruchtete Jungfrau Alankowa. Man muss sich aber nicht hierüber wundern, sondern darüber dass ein Mann, unter Umständen wie er erzogen, so viel Bildung hatte, um solch eine Arbeit zu liefern. Wie er selbst versichert (S. 78), hat er nur für die ältere Zeit Bücher benutzt. Die Geschichte der beiden letzten Jahrhunderte hat er bloss nach der

Familie-Ueberlieferung und nach eigner Erfahrung dictirt. Als er dies that, war er krank, und er starb sechszig Jahr alt, als er mitten in der Erzählung der Ereignisse des Jahres 1644 war (S. 343). Ein seiner Söhne setzte nach des Vaters Wunsche die Erzählung fort bis zu dem Sterbejahr Abulghâzi's, 1665. Abulghâzi hatte eine sehr unruhige Jugendzeit. Als er 24 Jahr alt war, wurde er aus Khowârizm verbannt, und er lebte dann zehn Jahre in Ispahân, die wahrscheinlich für seine litterarische Bildung von grossem Gewicht waren. Im Jahre 1639 wusste er zu entkommen und brachte zwei Jahre bei den Turkmanen des Balkhân-Gebirges zu, begab sich dann nach Mangischlak, wo er vom Kalmükken-Fürsten ein Jahr zurückgehalten wurde, und kehrte 1642 nach Khowârizm heim, wo er 1644 als Khân ausgerufen wurde. In jenen drei Jahren aber im Balkhân und in Mangischlak hat er das alte Oxusbett gesehen und von seinen Turkmanen-Freunden darüber Nachrichten gehört, die er gläubig annahm. Für ungebildete Völker sind 100 Jahre eine sehr lange Zeitdauer. In alten Zeiten fiel der Amû in das Kaspische Meer, d. h. nach ihrer Vorstellung wohl hundert Jahr vorher [1]). Als Woodroofe 1743 diese Gegend am Bal-

---

1) Vgl. Rösler, l. c. S. 200.

khânbusen besuchte (Hanway l. c. I, S. 153, vgl. Defrémery, „Mémoires d'histoire orientale", S. 380 und Humboldt, II, S. 240 und 241) war es ebenso: der Oxus, hiess es, habe vor 100 Jahren, d. h. vor langen Zeiten, aufgehört in das Kaspische Meer zu fliessen. Abulghâzi aber berechnete, dass also noch zu Sofjân-Khân's Zeit der Amû den alten Lauf hatte. Genau kannten jedoch die braven Turkmanen den ganzen Lauf des alten Bettes nicht, wie ich oben gezeigt habe. Damals aber sah das ganze Land anders aus. Die Ufer des Flusses waren stark bevölkert und gut bebaut, Aecker, Obst- und Weingärten folgten einander in ununterbrochener Reihe. Es gehört ein gewisser Grad von Bildung dazu, die gegenwärtigen Verhältnisse ganz wegzudenken und sich so eine ideale Lage vorzustellen. Das war diesen Turkmanen aber ebenso wenig möglich wie Abulghâzi selbst. Die damaligen Einwohner lebten also nach ihrer Vorstellung ganz wie die Turkmanen. Sie verbrachten den Sommer in den Bergen; wenn hier das Futter karg wurde, gingen sie langsam mit ihren Heerden dem Thale zu; den Winter verlebten sie im Thale, am alten Bette des Oxus, wo sich wahrscheinlich in dieser Zeit noch Wasser sammelt (vgl. Humboldt, II, S. 241 f.), und in dessen Nähe sich Brunnen, ja selbst einige Süsswassersee'n befinden (Petermann, Mittheilungen, 1873, S. 289). Da mögen auch die Saatfelder der Turkmanischen Nomaden gewesen sein, ganz auf die Art, wie sie die Arabischen Beduinen haben (vgl. Lerch, S. 12). So war die wirkliche Lage, die idealisirt wurde durch starke Bevölkerung anstatt zerstreuter Feldlager, durch Gärten und Aecker statt des dürftigen Beduinen-Ackerbau's. Ich muss dahingestellt lassen, ob im sechszehnten Jahrhundert der Ackerbau mehr bedeutete als jetzt, nach Abulghâzi S. 224 f., oder ob diese Angabe der Steuer noch zur idealen Auffassung jener Zeit gehört. Von diesen Turkmanen nahm Abulghâzi vermuthlich auch die populäre Etymologie des Namens Balkhân, der als Ba-'l-Khân, *Vater des Khân's*, aufgefasst wurde und von Abulghâzi mit komischer Wissenschaftlichkeit stets *plene* Abu-'l-Khân geschrieben wird. Wie wir aus Mokaddasî gesehen haben, ist der Name Balkhân alt; man findet ihn weiter bei Jacût, Ibno-'l-Athîr, Ibn-Fadhlollâh (Notices et Extraits, XIII, S. 289), Djordjânî, und wie Jedermann weiss, hat sich der Name bis jetzt erhalten.

Diese Stelle aber über den alten Lauf des Amû steht nicht vereinzelt bei Abulghâzi, sondern diese Vorstellung zieht sich, wie schon Lenz bemerkt (S. 27), durch das ganze Werk hindurch. Die nach der Hauptstelle wichtigste, die auch gewöhnlich citirt wird, findet sich S. 312 (vgl. Klaproth's Uebersetzung bei Humboldt S. 238 f., und Lerch): „Dreizig Jahr vor meiner Geburt (also um 1575) bahnte sich der Amû einen Weg vom Orte der Kara-Ighor-Tukay [die Halbinsel der schwarzen Uiguren], oberhalb Khâst-Minâra [der Thurm von Khâst, nach S. 307 am linken Ufer] und ergoss sich, indem er die Richtung zur Festung Tûk nahm, in den See von Sîr [See von Aral, so nach dem Flusse Sîr d. h. Jaxartes benannt], wodurch die Umgebung von Urgendj verödete. Dessenungeachtet blieben die untern Klassen der Bevölkerung daselbst wohnen. Im Frühling zogen der Khân und das Heer an die Ufer des Flusses, wo man sich an den Stellen, welche sich am Besten zum Ackerbau eigneten, aufhielt, und nach der Erndte kehrte man nach Urgendj zurück." Desselben Ereignisses geschieht noch S. 318 Erwähnung: „Ilbars war in Khîwak [1623]. Urgendj war damals wie eine Wüste, da der Fluss, der an der Stadt vorbeifloss, ausgetrocknet war. Daher lagerte sich Habasch gegenüber der Festung Tûk am Ufer des Amû, wo er sich ein befestigtes Lager gemacht hatte." Dann hat man weiter die folgenden Stellen: S. 220: „die vier Söhne des Aminek-Khân erhielten Khîwak, Hazârâsp, Kât, Bûldûmsâz und Nikitschkâ im Su-Buju (Fluss-Seite); Bâgh-âbâdh, Nesây, Abîwerd, Tschehârdeh, Mehina und Djahdjah im Tagh-Buju (Bergseite), wie auch die Turkmanen, die an den Ufern des Amû wohnten, in Abulkhân (den Balkhânbergen) und in Dehistân." — S. 230: „Dîn-Mohammed-Sultan fasste eines Tages den Plan, sich mit einigen entschlossenen Leuten nach Astarâbâdh zu begeben, um von da einen Einfall in Mâzanderân zu machen; er verliess also Urgendj mit vierzig Männern, ohne Erlaubniss seines Vaters. Er folgte den Ufern des Flusses, bis Tschikdalik, wo dieser einen Winkel macht, und begab sich von da nach dem Brunnen Dînâr." (Der Brunnen Dînâr ist auf den Karten verzeichnet. Er wurde von der Russischen Expedition von 1872 besucht, Petermann, Mittheilungen, 1873, S. 289). — S. 241: „Sie reisten auf dem grossen Wege nach Urgendj, wo sie über den Fluss setzten in einem Kahne (denn, in jener Zeit [um 1540] konnte man von Urgendj nach Wezîr zu Schiff kommen) . . . . . ." Auf derselben Seite: „. . . . . sie kamen nach Pîschgâh. Da überlegten sie unter sich, ob sie nach Urgendj oder nach Khîwa ziehen sollten. Man entschloss sich für das letztere, denn, sagten sie sich, falls wir nach Urgendj gehen,

werden wir daselbst Abdo-'l-azîz-Sultan (Sohn des Obeidallâh-Khân) finden, und was noch schlimmer ist, wir werden über den Fluss zu setzen haben; wenn wir dagegen nach Khîwa gehen, haben wir weder einen Fluss zu passiren, noch einen Feind zu befürchten."
Aus diesen Stellen geht klar hervor, dass nach Abulghâzi's Meinung, der Amû vor 1575 von oberhalb Khâst-Minâra an eine südwestliche Richtung hatte, an der Südseite von Urgendj vorbeifloss und, wahrscheinlich über Wezîr, durch die Wüste lief, längs Pischgâh und Tschikdalik, nach den Balkhânbergen. Er hat diese Vorstellung ziemlich consequent durchgeführt, allein, wie bei der Besprechung der Hauptstelle schon bemerkt wurde, er konnte sich nicht immer die Verhältnisse seiner Zeit wegdenken. Khowârizm heisst nach ihm nicht nur zu seiner Zeit, sondern auch schon in der ersten Hälfte des sechszehnten Jahrhunderts, Su-Buju (Flussseite) gegenüber dem Tagh-Buju (Bergseite), zu dem die Städte in Khorâsân und am Kaspischen Meere und das Balkhân-Gebirge gerechnet wurden (S. 229, 260); diese Unterscheidung aber ist in Abulghâzi's Vorstellung ein Anachronismus. Erst 1575 hatte nach diesem Autor der Fluss sich ein neues Bett gewählt. Wir wissen aber durch Jenkinson bestimmt, dass 1558 der Amû nicht in das

Kaspische Meer floss. Ebenso wissen wir durch genannten Engländer, dass 1558 der Kanal von Urgendj schon angefangen hatte, auszutrocknen; auch hieran kann also eine Verrückung des Flussbettes im Jahre 1575 unmöglich Schuld sein. Statt dass diese Stellen die Glaubwürdigkeit der Nachricht über den Lauf des Oxus bestätigen, bringen sie also nur neue Belege dagegen. Es ist noch besonders hervorzuheben, dass Abulghâzi nicht etwa an einer Bifurcation denkt; er meint bestimmt, dass sich der Hauptstrom des Amû bis 1575 in das Kaspische Meer ergoss, dass die nördliche Richtung wenigstens von Bend abwärts und die Mündung in den Aralsee erst damals entstanden. Diese Vorstellung hat er, wie gesagt, ziemlich consequent festgehalten. Seine Angaben über die Zeit vor 1575, insoweit sie mit dieser Vorstellung in einiger Verbindung stehen, sind daher nur mit grosser Vorsicht zu benützen.

Ich komme unten auf die Stelle der Verrückung des Flussbettes im Jahre 1575 zurück, will aber schon hier Einiges sagen über die Worte „in der Richtung nach dem Castell Tûk". Es mag poëtische Ausschmückung des Abulghâzi sein, wenn er S. 247 sagt, dass man oben von diesem in der Ferne den Thurm des Castells von Urgendj sehen konnte. Aber dass Tûk einer der

Urgendj nächstgelegenen Punkte am Amû war, somit jedenfalls unterhalb (westlich) von Bend lag, scheint aus den verschiedenen Stellen, wo es genannt wird, deutlich zu folgen (s. auch S. 252, 296, 301, 322). Da wir aber sehen werden, dass die Stelle des Oxusbettes, wo sich bei Bend der Laudânarm abzweigt, unverändert dieselbe ist wie 1558 und wahrscheinlich schon im zehnten Jahrhundert, haben die bezeichneten Worte keinen Sinn, ausser in der phantastischen Auffassung des Abulghâzi, der damit deutlich sagen wollte, dass das jetzige Flussbett des Amû, schon weit oberhalb Bend, erst damals entstanden sei. — Die oben mitgetheilte Angabe Abulghâzi's über die Entfernung von Tûk bis Urgendj wird von ihm auf derselben Seite bestätigt durch die Angabe, dass man, von Tûk nach Sonnenuntergang ausreitend, in der Mitte der Nacht in Urgendj sein konnte. Die Entfernung kann demnach auf höchstens 40 Werst geschätzt werden. Wahrscheinlich lag Tûk also umweit der Stelle des heutigen Khodscheili. Dies ist nicht blosse Conjectur. Abulghâzi erzählt, dass sein Vater im Jahre 1604 einen Kanal graben liess, der bei Tûk abgeleitet wurde und durch den Gau von Mezdâhkân lief; dieser Kanal hatte wenige Jahre nachher schon die Breite eines Pfeilschusses (Stadium) und erreichte das Meer. Es ist sehr wahrscheinlich, dass dieser Kanal der Arm Kuwan-Dscharma ist, der sich bei Khodscheili vom Amû abzweigt und dann in nördlicher Richtung nach dem See fliesst (Lerch S. 9 f., Schmidt, „die Expedition gegen Chiwa" in der Russischen Revue, 1874, IV, S. 315). Die Lage von Mezdûhkân kennen wir aus Istakhrî, der es zwei Parasangen vom rechten Ufer des Flusses ansetzt, gegenüber Djordjânîjâ.

Nach der Hauptstelle Abulghâzi's war das ganze Uferland des Amû stark bebaut. Da wir gesehen haben, dass die Zeugnisse von Djordjânî und Jenkinson nur höchstens ein Jahrhundert für die Rückkehr des Oxus zum alten Bette nach dem Kaspischen Meere und dann wieder in das neue Bett zum Aralsee lassen, würde das Aufblühen einer Cultur mit Weingärten und Baumpflanzungen nichts Geringeres als ein Mirakel gewesen sein. Nun aber sagt Dr. Sievers in seinem Berichte über die Russische Expedition vom Balkhânbusen nach dem alten Oxusbette (Petermann, Mittheilungen, 1873, S. 288): „auch suchten wir vergeblich nach Ruinen oder Kanalbauten, die auf ein ehemaliges Bewohntsein der Flussufer hätten schliessen lassen." Die Russische Expedition von 1873 fand viele Ruinen an den Ufern, doch hat diese das alte Bett nur von

Urgendj bis zum See von Sary-Kamysch untersucht (Petermann 1874, S. 25).

Zu dem Schlusse, dass die Mittheilung Abulghâzi's über die frühere Mündung des Amû in das Kaspische Meer nicht als geschichtlich anzunehmen sei, war auch Prof. Lenz gekommen, jedoch auf anderm Wege. Er hat nämlich auf Widersprüche in Abulghâzi's Angaben hingewiesen, die aber zum Theil nur in den Uebersetzungen, nicht im Buche selbst gefunden werden. Darum hat, wie es scheint, seine Beweisführung bei Herrn Lerch kein Ohr gefunden. Was diesen betrifft, so habe ich schon oben meine Meinung ausgesprochen, dass er sich durch seine Prämisse, dass der Oxus vor dem zehnten Jahrhundert keinen Arm in das Kaspische Meer gesandt habe, gezwungen sah, dem Berichte Abulghâzi's eine Autorität beizulegen, die er ihm gewiss nicht gegeben hätte, wenn ihm die merkwürdige Stelle des Mokaddasî bekannt gewesen wäre.

Eben diese Stelle macht es fast zur Unmöglichkeit, Abulghâzi's Mittheilung als historischen Bericht aufzufassen. Es ist eine Thatsache, dass der Amû fortwährend nach Rechts drängt, was schon Istakhrî und Ibn-Haukal wahrgenommen haben und was durch die neuern Untersuchungen bestätigt ist, s. Lenz, S. 50,

Lerch, S. 21 und 29, Petermann, 1874, S. 24b. Er gehorcht hierin, nach den ersten Autoritäten auf diesem Gebiete, einem Naturgesetze, „welches jeden in nöıdlicher Richtung fliessenden Strom unserer nördlichen Halbkugel zu einer beständigen Abspülung seines östlichen Ufers und somit auf die Dauer, soweit die Terrainverhältnisse es gestatten, zu einer Verschiebung seines Laufes nach Osten hin zwingt" (Kiepert, „Der alte Oxuslauf und der Aralsee", in der „Zeitschrift der Ges. für Erdkunde zu Berlin", 1874, S. 271). Dass der Fluss einmal in längst vergangenen Zeiten an einer schwachen Stelle sein rechtes Ufer durchbrochen (vgl. Lenz S. 43), oder, nach der Ueberlieferung, einen Kanal am rechten Ufer zum neuen Bett gewählt hat, ist damit ganz in Einklang, so wie auch dass der Hauptstrom in Khowârizm sich in späterer Zeit nach Rechts verlegt hat. Doch dass er ohne künstlicher Eindämmung, von welcher wir nichts wissen, in der letzten Hälfte des fünfzehnten Jahrhunderts urplötzlich das alte Bett wieder sollte eingenommen d. h. sich nach Links gewandt haben, um dann nach etwa funfzig Jahren wiederum die naturgemässe Richtung nach Rechts zu nehmen, ist ungereimt. Die ungeheure Menge von Salzen, die im alten Bette zwischen den Balkhânbergen und Igdy angesammelt sind (Petermann 1873, S. 289), beweist auch, dass der Fluss schon längst aufgehört hat, darin zu fliessen.

Prof. Lenz hat die wahre Sachlage erkannt. Es blieben aber einige Fragen ungelöst, die nur durch neue Belege und abermalige Prüfung der Quellen zur Klarheit kommen konnten. Das Ergebniss is also: seit den ältesten Zeiten, aus welchen wir zuverlässige Nachrichten haben, mündete der Oxus nur in den See von Khowârizm. Dass früher der Fluss in das Kaspische Meer floss, und damals die Gegend an der Mündung und in der Nähe von Khowârizm stark bebaut gewesen, besagt das alte Flussbett mit seinen zahlreichen Ruinen und besagt vielleicht auch die Ueberlieferung, die sich bis zum heutigen Tage im Lande erhalten hat. Die älteste Form der Ueberlieferung, die wir bis jetzt kennen, aus dem zehnten Jahrhundert, knüpft an die Verlegung des Flussbettes das Emporblühen von Khowârizm, was an sich nicht unwahrscheinlich ist. Damit wird aber das Ereigniss in die Zeit vor der Achämeniden-Herrschaft gerückt. Eine Untersuchung der alten Baureste wird aber das einzige Mittel sein, das uns vielleicht über die Frage „wann?" Aufschluss geben kann.

Ich komme jetzt auf Jenkinson's Reise zurück. Lenz hat schon auf den Widerspruch hingewiesen (S. 20), der in seiner Angabe der Entfernung vom Aibugîr-Busen nach Sellizure herrscht. Einmal sagt er, dass er den 5ten October an den Golf gekommen ist und daselbst den folgenden Tag gerastet hat, ein wenig später, dass er am 4ten October vom Golfe abreiste und den 7ten in Sellizure ankam. Letzteres Datum scheint gesichert einmal dadurch, dass es mit Buchstaben, nicht mit Ziffer geschrieben ist, dann weil gleich darauf folgt, dass er am 9ten beim Fürsten vorgeladen wurde. Die Wüstenreise, am 14ten September angetreten, dauerte 20 Tage; wenn er aber schon am 4ten October den Meerbusen verliess, müsste er daselbst den 2ten angekommen sein, es würden also für die Wüstenreise nur höchstens 18 Tage bleiben. Das Datum 5ter October dagegen für die Ankunft am Golfe stimmt mit der Angabe von je 20 Tagen für die Hinreise und den Rückweg, wenn man, wie gesagt, einen Tag für den Aufenthalt bei Timur Sultan in Rechnung bringt. Es kommt auf diesen Punkt an, da es davon abhängt, ob Sellizure nur einen Tagemarsch von Meere lag oder drei [1]).

---

[1]) Die Daten bei Witsen, von Lerch herübergenommen, S. 28, sind falsch.

Dass Ersteres das Richtige ist, findet eine Bestätigung im Bericht über die Reise von Thompson und Hogg im Jahre 1740, welchen man in Hanway's „Historical Account" lesen kann (I, S. 396 der Holl. Uebersetzung): „Wir reisten den 3$^{ten}$ September vom Aralsee (vom südwestlichen Ufer) ab und kamen an eine Tiefebene voll Schilfrohr, grösstentheils bis zur Kniehöhe mit stehendem Wasser überdeckt. Man unterrichtete uns, das dies dass Bett des Flusses Oxus war, welcher früher zwischen dem Aralsee und dem Kaspischen Meere floss, dessen Mündung [1]) aber seit vielen Jahren durch die Tartaren abgedämmt ist.

Am 5$^{ten}$ kamen wir an die Stadt Jurgantz, die früher eine grosse Stadt scheint gewesen zu sein, jetzt aber ganz in Trümmer lag, mit Ausnahme einer Moschee".

Herr Lerch hat, wie schon oben erwähnt ist, die höchst wahrscheinliche Vermuthung geäussert, dass Sellizure (Schayzure) aus Schehri-Wezîr corrumpirt und derselbe Ort ist, dessen Abulghâzi so oft unter dem abgekürzten Namen Wezîr Erwähnung thut. Wo aber lag dieser Ort? Jenkinson, der, wie bemerkt, sehr langsam reiste, verliess Sellizure am 14$^{ten}$ October,

---

1) D. h. die Mündung in den Balkhânbusen.

und erreichte Urgendj den 16ten. Nach Abulghâzi S. 235 betrug aber die Distanz nur 6 Agatsch (Parasangen), oder einen Tagemarsch. Mehrere Stellen bei Abulghâzi beweisen dass die Stadt westlich von Urgendj gelegen war (z. B. S. 236, 247), und am Südrande eines Bergplateau's (z. B. S. 236, 239). Dieses Plateau heisst bei ihm Gîr, welcher Name in der Türkischen Sprache Hochebene bedeutet (Lerch S. 18, Abulghâzi, S. 327), und es ist so gut wie sicher, dass mit diesem Gîr das Ust-Urt [1]) gemeint ist (vgl. auch S. 303 und 320). Ferner belehrt uns Abulghâzi (S. 248), dass zwischen Wezîr und Urgendj das Grab des Scheikh Nadjmo-'d-dîn Kobrâ war, dessen auch Erwähnung geschieht bei Ibn-Batûta, III, S. 6 und bei Hadji-Khalifa (*Djihân-Numa*, S. 346 des Textes), dem einzigen Geographen, bei dem ich eine Notiz über Wezîr gefunden habe. Wenigstens unter diesem Namen. Denn es kommt mir sehr wahrscheinlich vor, dass Wezîr derselbe Ort ist, welchen die ältern Geographen Gît nennen, und dessen Ruinen vermuthlich die sind, welche jetzt Deù-Kisskèn genannt werden, und „an einem Abhange des Ust-Urt und zwar dicht am Tschink" liegen (Petermann, Mittheilungen, 1874,

---

1) Ust-Urt, correcter Uest-jurt, bedeutet auch Hoch-Land.

S. 25b), oder die 36 Werst südwestlich von Urgendj gelegenen Ruinen Scheruan (Schmidt, „die Expedition nach Chiwa" l. c. V, S. 173).

Ich finde jetzt, dass ich die Stelle des Istakhrî über dieses Gît (S. 302 = Ibn-Haukal, S. 352) nicht gut edirt habe. Die Bestimmung der Lage eines Ortes durch einen anderen, dessen Lage ganz unbekannt ist, dessen Name sogar anderswo gar nicht vorkommt, ist ungereimt, und dies gilt von Kudjâgh, wie in meiner Ausgabe steht, nach den beiden (ziemlich schlechten) Handschriften des Ibn-Haukal. Die Persischen Uebersetzungen haben eine andere Lesart, wonach *r* statt *u* steht, und für *gh* auch *ndj* gelesen werden kann. Aendert man nach diesen Angaben die Lesart des Textes, so erhält man Korgândj, d. h. entweder Djordjânîja (Gorgândj, Urgendj), oder das in dessen Nähe liegende Klein-Djordjânîja, das unter dem Namen Gorgândjek in den Persischen Uebersetzungen vorkommt (s. Istakhrî S. 300[b], Ibn-Haukal S. 351[c]). Die Uebersetzung der Stelle lautet demnach: „Die cultivirte Gegend (an der Westseite des Flusses) endet beim Dorfe Gît, das fünf Parasangen von Gorgândj entfernt ist. Hier ist der Culturstreifen so schmal, dass er sich auf den Bezirk von Gît beschränkt. Der Ort liegt in der Nähe des Berges, hinter welchem die Wüste ist." Mokaddasî sagt über Gît: „es ist ein grosser Ort, mit ausgedehntem Bezirke in die Wüste hinein; es bildet einen ˛befestigten Grenzplatz gegen die Ghozz, und von da aus betritt man ihr Gebiet." — Die Ghozz hatten das ganze Uferland des Aralsees inne, nur gehörte in der Blüthezeit Khowârizm's das Flussdelta, die Strecke zwischen Djordjânîja und Gît im Süden und Karjat-Barâtegîn und Madhmînia im Norden, diesem Staate an. Die beiden nördlichen Grenzorte werden von Abulghâzi nicht erwähnt; in seiner Zeit aber und schon früher war Wezîr die Haupstadt einer Provinz von Khowârizm, die das ganze Uferland zwischen Amû-Darja und Sîr-Darja umfasste. Denn S. 212 zählt er unter die Dependenzen von Wezîr Tersek und Jangî-Schehr. Letzterer Ort ist aller Wahrscheinlichkeit nach Jangî-Kent oder mit seinem Arabischen Namen al-Karjato-'l-djadîda (Neudorf, Neustadt), das nicht weit vom Ufer des Jaxartes lag, zwei Tagemärsche von der Mündung des Flusses. Im zehnten Jahrhundert war es die Winterresidenz des Ghozz-Königs. S. Ibn-Haukal, S. 393 und Masûdî oben S. 15. Die nördliche Lage von Jangî-Schehr aber erhellt aus Abulghâzi S. 236 f.

Das Gebirge in der Nähe von Gît ist ohne Zweifel, wie auch Lerch meint (S. 17), der Djaghrâ bei

Djordjânî (s. oben S. 25) oder der Djaghrâghozz, d. h. der Djaghrâ der Ghozz, bei Istakhrî (S. 304, Ibn-Haukal S. 354), wie der südöstliche Ausläufer des Sijâh-Kûh hiess, den man jetzt Ust-Urt nennt. Dieser südliche Abfall des Ust-Urt heisst jetzt Tschink (Steilufer), und daselbst muss Sellizure gelegen haben nach Lenz S. 21. Lerch hat es in seiner Karte verzeichnet am Südost-Rande des Ust-Urt, doch nach meiner Ansicht viel zu weit nach Westen. Ich glaube vielmehr, dass der Ort, wenn auch nicht in gerader Linie, zwischen dem See und Urgendj lag. Diese Lage muss man auch dem alten Gît zuweisen. Sie wird gefordert durch den Reisebericht Jenkinson's und auch dadurch, dass nach Jenkinson's Karte und Beschreibung dieser Ort an dem Flussarm oder Kanal lag, der von Urgendj kam; dies bestätigt Abulghâzi für diese Zeit (S. 241), und zugleich folgt aus seinen Worten, dass dieser Kanal zu seiner Zeit versandet war. Nach Abulghâzi S. 236 war es vom östlichem Punkte des Gîr noch eine Parasange nach Westen hin entfernt.

Nach welchem Wezîr Gît „Stadt des Wezîrs" genannt wurde, kann ich nicht ausfindig machen. Die Distanz zwischen Wezîr und Urgendj scheint nach Jenkinson und Abulghâzi ein wenig grösser, als

Istakhrî (Ibn-Haukal) zwischen Gît und Gorgândj angiebt. Aber erstens ist es unsicher, ob dieser Gross-Gorgândj (Djordjânîja) meint oder Klein-Gorgândj, welches in südöstlicher Richtung von Djordjânîja scheint gelegen zu haben (*Djihân-Numa*, S. 345 Z. 4 v. u.), und zwar nach Hadji-Khalifa und Abulfeda 10 Meilen, nach Jacût (IV, S. 261 Z. 1) 3 Parasangen von jenem entfernt. Und ferner ist es nicht sicher, dass Alt-Urgendj an derselben Stelle gebaut ist, wo früher Djordjânîja lag.

Djordjânîja oder Gorgândj war nach Sachau l. c. S. 26 eine sehr alte Stadt. Nach Mokaddasî hatte sie vier Thore, von welchen er das Pilgerthor nennt, bei welchem Mâmûn und sein Sohn Alî sich jeder einen Palast gebaut hatten. Schon Istakhrî nennt sie die zweite Stadt im Lande und sagt, dass daselbst der Hauptmarkt für die Ghozz war, und von da aus die Handelskaravanen nach Djordjân, nach Khazar und Khorâsân gingen. In Ibn-Haukal's Zeit waren die Handelsverbindungen der Stadt mit dem Khazarenlande wie auch mit Khorâsân (zeitweise) abgebrochen. An einem der Thore befand sich ein geräumiger Platz, wie· der Rîgistân in Bokhârâ, wo die Ghozz ihre Schafe zu Markt brachten. „Die Stadt nimmt fast täglich in Blüthe zu", sagt Mokaddasî, „aber sie ist eng gebaut, so dass man in der Stadt keine Kanäle haben kann und das Wasser nur bis zu den Thoren geführt wird". Die Stadt war eine Parasange vom Flusse abgelegen, aber 2 Parasangen unterhalb der Hauptstadt Kâth war der Kanal von Wadâk vom Flusse abgeleitet, mit welchem sich in Andarâstân, einen Tagemarsch oberhalb Djordjânîja, der kleinere Bûh-Kanal vereinigte. Zusammen bildeten diese einen bedeutenden Kanal, auf welchem die Schiffe bis ganz in die Nähe von Djordjânîja fuhren. Denn einen Pfeilschuss (ein Stadium) von der Stadt weit, war ein künstlicher Damm aus Reisig und Balken mit grossem Geschick gebaut, wie Mokaddasî sagt. Aus diesem Kanale wurden dann kleinere Kanäle nach der Stadt geleitet. Es ist nicht ganz klar, ob dieser Damm das Wasser ganz hemmte oder ihm nur eine andere Richtung gab. Das letztere ist wahrscheinlich und wird von Mokaddasî erzählt, der aber hier den grossen Kanal mit dem Hauptstrome verwechselt. Wir wissen bestimmt, dass Djordjânîja eine Parasange vom Flusse entfernt war, wie alle grössern Orte gewöhnlich in einiger Entfernung vom Hauptflusse liegen (Lenz S. 14)[1]). Doch sagt Mokaddasî: „Djordjânîja,

---

1) Auch jetzt „liegen fast alle Städte des Chanats nicht am Flusse selbst, sondern 2—6 Werst von demselben entfernt; nur Kiptschak macht

die Hauptstadt der Khorâsân-Seite, liegt am Djeihûn, so dass das Wasser seine Seiten berührt, darum hat man ihn künstlich abgewehrt mit einem Damm von Reisig und Balken und ihn so nach Ost gelenkt. Die Arbeit ist wirklich staunenswerth. So wird dann der Fluss durch die Wüste nach Karjat-Barâtegîn geführt und fliesst jetzt an einer Seite. Dann haben sie aus ihm kleine Kanäle abgeleitet bis zu den Thoren der Stadt". Nachher aber erzählt er, wie Istakhrî, dass Wadâk und Bûh-Kanal sich vereinigen und nach Djordjânîja fliessen, „wo der Damm, von welchem wir gesprochen haben, das Wasser hemmt."

Der Damm war gebaut, um den Wasserandrang im grossen Kanale, der für die Stadt gefährlich wurde, von Djordjânîja abzulenken. Als 1220 die Tataren Djordjânîja nach langer Belagerung genommen und ausgemordet hatten, durchbrachen sie diesen Damm, wie Ibno-'l-Athîr, XII, S. 257 f. und Dimaschkî, ed. Mehren, S. 223 erzählen, worauf das ganze Stadtgebiet überschwemmt wurde, alle Gebäude einstürzten und an der Stelle der Stadt ein Wasserpfuhl entstand, so dass Alle, welche dem Schwerte der Tataren entkommen, ertranken oder unter den einstürzenden Mauern

---

eine Ausnahme", Kuhn, „Bericht über meine Reise durch das Chanat Chiwa etc." in der Russischen Revue, 1874, IV, S. 64.

den Tod fanden. Djowainî erzählt (Defrémery, „Mé moires d'histoire orientale", S. 381 Anm.) und nach ihm vermuthlich Abulghâzi (S. 119), dass die Belagerer, als sie die Stadt nicht mit Gewalt nehmen konnten, beschlossen, die Wasserzufuhr nach der Stadt abzuschneiden und das Wasser des Djeihûn durch einen Damm zu hemmen. Die 3000 Soldaten aber, welche mit der Construction dieses Dammes beschäftigt waren, wurden bei einem Ausfall von den Belagerten überrascht und getödtet. Es ist schwer einzusehen, warum man nicht lieber that, was nach der Eroberung geschah. Dass aber die Stadt damals ganz zerstört wurde, bezeugt mit Ibno-'l-Athîr auch Jacût, der erst kurz vor der Katastrophe die Stadt verlassen hatte (II, S. 54, Z. 14 ff.). Etwa zehn Jahre nachher wurde, nach Ibno-'l-Athîr, XII, S. 323 unter dem Jahre 628 (= 1231), in der Nähe der alten Hauptstadt Djordjânija eine neue grosse Stadt gebaut, das heutige Alt-Urgendj, das im folgenden Jahrhundert von Ibn-Batûta besucht und beschrieben wurde.

Wie es bei der neuen Stiftung mit dem Damme gegangen ist, wird, so weit ich sehe, nirgends berichtet. Wir können das nur rückwärts aus den Berichten Jenkinson's und Abulghâzi's erschliessen. Es scheint also, dass der grosse Kanaldamm nicht hergestellt war, sondern der Seitenkanal nach Djordjânîja sich zu einem grossen Kanale erweitert hatte, der von Urgendj nach Wezîr und dann weiter nach Süden floss. Dieser Kanal hatte, als Jenkinson die Gegend 1558 besuchte, angefangen, zu versanden. Wenige Jahre nachher war er ganz ausgetrocknet.

Ich komme aber hier zu einer Frage, deren Beantwortung nicht innerhalb meiner Competenz liegt, und welche ihre Lösung von der Russischen Expedition zur Erforschung des untern Amû-Darja erwartet, die in Juli des vorigen Jahres ihre Untersuchungen angefangen hat, nämlich zu der Frage, wo man den grossen Kanal, der von Andarûstân nach Djordjânîja lief, zu suchen hat. Ich will aber sagen, was mir nach den historischen Nachrichten am wahrscheinlichsten vorkommt. Meine Hypothese ist, dass der Kunja-Darja, der nach der Mittheilung bei Petermann, 1874, S. 24, „etliche Werst unterhalb der Stadt Pitnak aus dem Amû tritt und von Osten nach Westen läuft, um sich acht Werst oberhalb Kunja-Urgentsch mit dem Laudân (Lausâk)-Flussbette zu vereinigen", das Bett dieses Wadâk-Kanals ist, und dass am Vereinigungspunkte der beiden Flussbetten die Stelle des alten Dammes war, der 1220 durchbrochen wurde. Der Anfang des Kanals war nach Istakhrî 2 Arab.

Meilen, oder nach Mokaddasî 1 Parasange unterhalb des Anfangs des Kanals von Khîwa, 2 Parasangen unterhalb Kât. Nach meiner Berechnung stimmt das zum Anfang des Kunja-Darja. Der Kanal was sehr breit, und seine Nähe wurde der Stadt Djordjânîja so gefährlich, dass man gezwungen war, dem Wasser eine andere Richtung zu geben. Der Kanal aber kam ganz nahe an die Stadt heran, die wahrscheinlich ein wenig nördlicher lag als Alt-Urgendj. Auch dies stimmt zu den Angaben über den Kunja-Darja. Wo aber war denn das wirkliche alte Bett des Oxus? Lenz S. 38 beschreibt ein altes Flussbett, Deudan genannt, das südlich vom Kunja-Darja in fast westlicher Richtung läuft, und das Urgendj nicht berührt haben kann, sondern sich viel südlicher, ungefähr beim Damm Salak-bend, mit dem Kanal von Urgendj vereinigen muss. Er hat für diese Angabe zwei Zeugen, eine handschriftliche Karte und „eine Beschreibung des Khanat Chiwa von einem ungenannten Autor, der aber sehr ausgezeichnete Kenntnisse dieses Gebietes verräth." Als nach der Eroberung von Khîwa die Russen auf ihrem Wege nach Alt-Urgendj am Deudan vorbeimarschirten, erfuhren sie von den Turkmanen, dass er, an den Bergen Mongyr und dem Punkte Tünük-ly vorbei, bis zum Sary-Kamysch gehe (Schmidt, „die

Expedition gegen Chiwa" l. c. V, S. 172). Merkwürdig ist es, wie schon Lenz bemerkt hat, dass die Turkmanen am Balkhângebirge das trockene Flussbett auch Deudan nennen (Vámbéry, „Reise in Mittelasien", S. 89). Ueber dies alte Bett wird uns hoffentlich die Russische Expedition belehren. Sind die Angaben richtig, so muss dieser Deudan das alte Flussbett sein aus der Zeit, als der Oxus noch ins Kaspische Meer mündete. Denn es ist kaum anzunehmen, dass sich der Oxus damals so ganz nahe am Aralsee bei Djordjânîja plötzlich nach Süden und dann wieder nach Westen wandte. Rösler scheint dies auch eingesehen zu haben, da er S. 215 sagt: „Hatte aber der Fluss einmal jene Depression seines Deltas erreicht, so war eine spätere nochmalige Ablenkung seiner Gewässer in anderer Richtung unmöglich". Ist aber der Kunja-Darja nicht das alte Oxusbett, so muss er der genannte grosse Kanal gewesen sein.

Nachdem 1220 der Damm zerstört war, wuchs der Seitenkanal nach Urgendj, der so genannte Tscharkrauk (Lenz, S. 14, 21 vgl. 35, Lerch S. 13), zu einem bedeutenden Strome an, der wahrscheinlich südwärts floss, bis er etwa zu Salak-bend oder noch mehr nach Süden mit dem alten Oxusbette zusammentraf und vielleicht noch Wasser nach dem See von Sary-

Kamysch führte. Dieser Kanal war um die Mitte des sechszehnten Jahrhunderts halb, um 1575 völlig ausgetrocknet, doch die Erinnerung daran lebte noch, als Abulghâzi schrieb, und wurde von ihm combinirt mit den Berichten über den frühern Lauf des Amû nach dem Kaspischen Meere [1]).

Der Laudân aber ist nach meiner Ansicht der alte Oxusarm, der eine Parasange (6 Werst) weit nördlich von Djordjânîja lief und dann nördlich von Gît nach dem jetzt ausgetrocknetem Aibugîr floss. Ich glaube nämlich nicht, dass sich der nördliche Arm, heute der einzige Hauptarm [2]), im zehnten Jahrhundert noch nicht gebildet hatte. Nach Istakhrî mündete der Amû in den See, nachdem er zwischen Gît und Madhmînia geflossen hatte. Letzteres lag 4 Parasangen (24 Werst) vom rechten Ufer entfernt. Die Distanz Gît's vom Flusse wird nicht angegeben. In der Nähe von Madhmînia, doch ein wenig weiter vom Flusse ab, lag Karjat-Barâtegîn, ein befestigter Grenzort, nach Mokaddasî nah am Berge. Von da kamen die Bausteine für die Städte Khowârizms. Ibn-

---

1) Nach dem oben Gesagten ist die Meinung Rösler's (l. c. S. 180), dass der Tscharkrauk ein Rudiment des alten Oxus sei aus der Zeit seines Verlaufes zum Kaspischen Meere, zu verwerfen.

2) Der sich aber in eine Menge von Mündungsarmen vertheilt.

Haukal, S. 30, Z. 12 bestätigt die Lage am Gebirge. Diese Bestimmung zwingt uns, meine ich, anzunehmen, dass der nördliche Arm, der in den Aralsee fliesst, schon damals existirte. Dies wird noch bestätigt durch die Lage von Mezdâhkûn, 2 Parasangen vom nördlichen Ufer, was, wie oben gezeigt ist, zu dem stimmt, was Abulghâzi über diesen Gau erzählt. Unweit Kerder nahm, wie Istakhrî sagt, der Fluss eine andere Richtung. Wir müssen dies so verstehen, dass sich daselbst der südliche Arm nach Djordjânîja abzweigte. Obgleich Istakhrî, Ibn-Haukal und Mokaddasî Khowârizm ziemlich genau kannten, ist es doch klar, dass das eigentliche Delta ihnen nicht aus unmittelbarer Anschauung bekannt war. Sie beschreiben den Weg an den beiden Ufern, am rechten Ufer von Kâth nach Khâs, Kerder, Karjat-Barâtegîn, am linken Ufer, nachdem man, von Kâth kommend, den Oxus passirt hatte — wo, wird nicht präcis angegeben — nach Nuzwâr, Djordjânîja, Gît. Doch das Delta, dessen Winkel ungefähr auf der Höhe von Kerder war, scheinen sie sich weggedacht zu haben. Von einer Beschiffung des Flusses unterhalb Djordjânîja, die das Richtige gezeigt haben würde, ist nirgends die Rede. Und der Landweg an beiden Ufern von Ort zu Ort war stets in einiger Entfernung vom Flusse. Man beschreibt den See nur als einen Schilfmorast und kennt die Grösse nur vom Hörensagen. In diesen linken Arm wurde aller Wahrscheinlichkeit nach das Wasser des grossen Kanals abgeleitet, und so war eine Verbindung dieses Armes mit dem Seitenkanal nach Urgendj nur durch den Damm abgeschlossen. Nach der Zerstörung des Dammes im Jahre 1220 wurde der Kanal auch direct aus dem Oxusarme gespeist und wuchs jetzt zu einem bedeutenden Strome an. Vielleicht ist damals eine sehr grosse Aenderung eingetreten, nämlich so, dass der Laudân-Arm durch den Urgendj-Kanal nach Süden verlief und nicht länger in den See mündete, im Folge dessen aber der grosse Wadâk-Kanal abgeschlossen wurde. Der Kanal von Urgendj wurde somit in Wahrheit ein Arm des Amû, und Jenkinson sowie Abulghâzi hatten ein gewisses Recht, diesen Kanal Oxus oder Amû zu nennen. Wie wir gesehen haben, giebt Abulghâzi einen falschen Grund an für die Austrocknung dieses Kanals. Wahrscheinlich wurde er bei Bend abgedämmt. Ich denke dies darum, weil, sobald dieser Damm zerstört ist, der Arm wieder fliesst. Nach Russischer Mittheilung bei Petermann 1874, S. 26 „floss das Wasser, wie man daselbst sagte, aus dem Laudân durch das Bett des Urun-Darja bis zu den See'n

Sary-Kamysch noch vor elf Jahren, und vor sechs Jahren floss es noch bis zum Damm Ighenklytsch, 62 Werst hinter Kunja-Urgentsch. Das Wasser aus dem Amu-Darja (d. h. aus diesem Arme) verschwand in Folge des Dammbaues am Laudân und im Urun-Darja selbst, welche Dämme den Zweck hatten das Wasser den Turkmenen zu entziehen, welche sich im Laufe dieses Jahrhunderts am Ufer des Urun-Darja angesiedelt hatten und sich durch ihren wilden und kriegerischen Charakter auszeichneten". Das letzte geschah 1858, als Lerch den Amû hinauffuhr (S. 9).

Dass der Laudân-Arm [1]) den See von Aibugîr nicht mehr erreichte, war aber jedenfalls schon längst vor Abulghâzi der Fall, da Tûk, an der Alt-Urgendj am nächsten liegenden Stelle des Amû-Ufers, von dieser Stadt ungefähr 40 Werst entfernt war, und zwischen Tûk und Urgendj kein Wasser von einiger Bedeutung war.

---

1) Sollte vielleicht der Name dieses Armes aus dem des grossen Kanals Wadâk (Wadhâk) erklärt werden können? Die Lesart dieses Namens in den Handschriften schwankt zwischen Wadâk (Wadhâk) und Wadân. Es ist nicht unmöglich, dass hieraus mit dem Arabischen Artikel die Namen Laudân und Lausâk entstanden sind. Der Artikel fehlt zwar bei Istakhrî und Mokaddasî, aber diese haben auch stets Kâth ohne Artikel, das zu Ibn-Batûta's Zeit so gewöhnlich mit dem Artikel ausgesprochen wurde, dass dieser das *al* wie zum Namen gehörig betrachtet und Alkâth (nicht al-Kâth) schreibt (III, S. 20).

Jenkinson hielt also den Kanal von Urgendj für den Oxus selbst. Er ging von Urgendj 100 Meilen den Fluss (richtiger den Kanal) entlang und kam dann an einen grossen Fluss, den er Ardock nennt, der jedoch nichts sein kann als der Hauptstrom des Oxus (vgl. Lenz S. 21 f.). Die Entfernung von Urgendj bis zu der Stelle des Amû-Darja, wo der Laudân-Arm von ihm ausgeht, beträgt gegenwärtig 70 Werst (Lenz S. 27), das ist ungefähr ebensoviel, und nach den Angaben der Grossen Karte lag Urgendj 50 alte d. h. 70 neue Werst vom Arsas (Argas), dessen Name aller Wahrscheinlichkeit nach identisch ist mit Ardock, und demnach auch den Hauptstrom des Amû bezeichnet. Mit dieser Identification ist aber sehr viel gewonnen. Denn da haben wir die Sicherheit, dass bei Bend der Amû-Darja noch dasselbe Flussbett hat, wie in der Mitte des sechszehnten Jahrhunderts, indem dessen Verrückung nach Rechts wahrscheinlich schon durch die Nähe des Scheikh-Djelîl-Gebirges verhindert wurde. Auch daraus ist die Schlussfolgerung nothwendig, dass Abulghâzi S. 312 (s. oben) eine falsche Vorstellung über den Grund der Austrocknung des Kanals von Urgendj gegeben hat. Die Veränderung eines Theiles des Flussbettes im Jahre 1575 bestand wahrscheinlich darin, dass ein Kanal unterhalb Kât, vermuthlich der Kanal von Kerder (Istakhrî S. 303), der ebenso gross war, wie der vereinigte Wadâk und Bûh-Kanal, zum Hauptstrome wurde. Dieser neue Theil des Oxusbettes fing an oberhalb Khâst-Minâra, des Thurmes von Khâst, der wie aus Abulghâzi S. 307 (das Reservoir von Jârmîsch, jetzt noch Kanal von Jârmîsch) und 321 erhellt, westlich von Kât an der Südwestseite des Flusses lag. Wahrscheinlich ist dieser Ort derselbe, der früher Khâs hiess. Mokaddasî setzt ihn in seinem Itinerar eine Tagereise westlich von Kât an's Ostufer des Flusses. In den Persischen Uebersetzungen des Istakhrî wird Khûs unter den Städten Khowârizm's mitgezählt (Istakhrî S. 300*b*, Ibn-Haukal S. 351*d*), und wahrscheinlich wird der Ort bei Istakhrî und Ibn-Haukal Der-Khâs (Pforte von Khâs) genannt (Ibn-Haukal S. 351 *f*., Istakhrî S. 341, nach dem er wie bei Mokaddasî zwischen Kât und Kerder liegt, aber zwei Tagereisen weit von Kât). Ist diese Identification richtig, so bestätigt die Lage dieser Stadt, im zehnten Jahrhundert am rechten, in Abulghâzi's Zeit am linken Ufer, die Verlegung des Flussbettes. Der Kanal von Kerder war schon zu Istakhrî's Zeit so bedeutend, dass man sagte, er wäre früher der Hauptstrom gewesen, und er bildete wirklich einen Arm des Flusses, da der Kanal auf der Höhe von Kerder sich wieder mit dem Hauptarme scheint vereinigt zu haben; denn nach der Angabe Istakhrî's stieg oder fiel das Wasser im Kanal mit dem Steigen oder Fallen des Oxus.

Die Veränderung des Flussbettes im Jahre 1575 betraf somit einen Theil des Flusses unterhalb Kât und oberhalb Bend. Liegt aber das gegenwärtige Kât, wie Herr Lerch S. 21 vermuthet, an der Stelle des alten Kât, so muss nach 1665, dem Sterbejahr Abulghâzi's, eine zweite Verschiebung des Flussbettes nach Rechts Statt gefunden haben. Denn dass Kât noch in der Zeit dieses Fürsten am rechten Ufer lag, folgt so gewiss aus seiner Erzählung S. 307 und 317, dass es sich nicht bezweifeln lässt. Es müsste dann der grosse Gâu-Khowâra-Kanal gewesen sein, den Djordjânî Kât-Khowâra nennt, der ebenso wie vorher der Kerder-Kanal an die Stelle des frühern Flussbettes getreten wäre. Dies ist aber nicht wahrscheinlich. Lenz S. 22 sagt: „später (nach 1600) ist die Stadt Kât durch den Einsturz des rechten Ufers des Amû-Darja zerstört worden"; und Kuhn erfuhr auf seiner Reise im heutigen Kât von den Einwohnern, dass die Ruinen des alten Kât sich auf dem rechten Ufer des Flusses befinden (Russische Revue 1874, IV, S. 64). Kuhn besuchte dann Schah-Abbâs-Walî, welches, wie man sagte, auf der Stelle des alten Kât, und zwar Neu-Urgendsch gegenüber liegt, sagt aber nichts von seinen Ergebnissen.

Was Jenkinson vom Laufe des Ardock erzählt, ist wiederum reine Phantasie, d. h. Jenkinson erfuhr, und das war richtig, dass der grosse Fluss in den der Urgendj-Kanal mündete, nach Norden floss. Allein er combinirte damit seine theoretischen Ansichten, die er den Alten, insbesondere Polybius entnommen; dadurch wurde aber der See von Aral in seiner Vorstellung zu zwei See'n, deren einen er unter dem Namen See von Chitay sehr weit nach Norden versetzte, während er den südlichen Theil zu einem Busen des Kaspischen Meeres machte. Wenn man die Karte der Länder am Kaspischen Meere in Hanway's Historical account von 1753 vergleicht, sieht man, dass die Geographen sich noch damals den nördlichen Lauf des Oxus als sehr lang vorstellten.

Mit Ardock kann aber nur der Irtysch gemeint sein. Das erhellt nicht nur deutlich aus der Karte Jenkinson's, wo der Ardock das Meer von Khitaja durchströmt, wie der Irtysch den Dsaisang-See (Saisan, auch See von Ardysch), um sich mit dem Ob zu vereinigen, sondern auch aus dem Sendschreiben des Joannes Balakus an den berühmten Mercator vom Jahre

1581 (Hakluyt I, S. 509 f.): „Eum fluvium (Profluentem flumini Ob illabentem) Ardoh illi vocant, qu: influit in lacum Kittayum, quem Paraha illi nominant, cui contermina est gens latissime fusa, quam Carrah Calmak appellant, non alia certe quam Cathaya". Zu dieser Stelle bemerkt Hakluyt richtig am Rande: „Ardoh flumen influens in lacum Kitthayam: de quo in itinere ad Boghariam scribit Antonius Jenkinsonius". Zu der Stelle in Jenkinson's Beschreibung verweist er den Leser auf Will. de Rubricis. Es scheint mir, dass er die Stelle in d'Avezac's Ausgabe 1839, S. 98, im Auge hat. Den Namen hat de Rubruk aber nicht. Welch unklare Vorstellungen vom nordöstlichen Asien man damals hatte, ist für uns kaum zu begreifen, auch wenn wir die Karte von Ortelius vor uns haben. Und diese genossen damals das höchste Ansehen. Hakluyt giebt ein Verzeichniss der Sachen, welche die nach Nordosten Reisenden jedenfalls mitnehmen sollen, darunter auch des Ortelius „booke of Mappes", mit der Bemerkung „wenn Ihr des Ortelius Kartenbuch mitnähmet, um euch all diese Gegenden zu merken, würde das nichts übel sein: und, wenn nöthig, wäre es dem Gross-Khân zu schenken, da es für diesen Fürsten eine Gabe von ungeheuerem Werth sein würde". Der Arsas (Argas) der Grossen Karte ist ebenso der Irtysch ¹). Es ist klar, dass der Verfasser dieser Karte und Jenkinson ungefähr dieselbe Vorstellung hatten. Auch Ersterer hat, wie schon Lenz bemerkt, von Urgendj bis zum Flusse 50 alte d. h. 70 neue Werst. Die Stadt Kah(g)an d. h. des Khakâns am Flusse Ugus, „wo der Bruder des Czaren von Jurgens lebt", ist vielleicht Kâth, 220 alte oder 308 neue Werst vom See, was ungefähr = 6 Tagemärschen ist. Denn in dieser Entfernung vom See lag Kâth nach den Arabischen Quellen. Dieser Autor macht aber aus dem Oxus zwei Flüsse, ungefähr wie das *Djihân-Numa*, nämlich Ugus und Amû-Darja + Arsas. Die Verwirrung ist in dieser Beschreibung so gross, dass man sich nicht einmal vorstellen kann, wie der Verfasser sich das alles gedacht hat.

Die historische Topographie der meisten Deltaländer ist schwierig. Für Khowârizm wird die Aufgabe noch dadurch unendlich erschwert, dass von den alten Städten und Kanälen nur sehr wenige, wenigstens mit ihren frühern Namen, übergeblieben sind. Oberhalb Khîwa haben wir als feste Punkte die Festung Hazârâsp, 14 Werst vom Flusse und ein wenig mehr

---

1) Rösler's Deutung des Namens (S. 210) ist gewiss falsch.

als 60 Werst von Khîwa (Petermann, Mittheilungen, 1874, S. 103ᵃ, 104ᵃ; Russische Revue, 1874, IV, S. 136); Schurâkhân, in dessen Nähe die Russischen Truppen 1873 über den Amû setzten; die Stromschnelle 150 Werst oberhalb Pitnak (Lerch S. 18); Darghân, das auf Kiepert's Karte verzeichnet ist, obgleich mit einem Fragezeichen; 1651 wird es von Abulghâzi, S. 349, noch mit Sadûr erwähnt. Auch findet man bei Abulghâzi unterhalb Khîwa noch Gerden-Khast, das alte Kerderân-Khûs, erwähnt, wahrscheinlich (s. oben) Khâs unter dem Namen Khâst-Minûra, und Mezdâhkân. Wir wissen, dass Urgendj in der Nähe des zerstörten Djordjânîja lag, aber die Lage von Gross- und Klein-Djordjânîja ist im Einzelnen noch unbestimmt. Wie ich oben gezeigt habe, ist es auch noch sehr unsicher ob das heutige Kât die Stelle der alten Hauptstadt einnimmt.

Die Russische Expedition zur Erforschung des untern Amû-Darja wird manchen dunklen Punkt aufklären. Damit aber die Geographen ihre Resultate sogleich und leicht für die historisch-topographischen Probleme benutzen können, habe ich gemeint, damit ein nützliches Werk zu thun, dass ich diesen Blättern die Uebersetzung der beiden Hauptquellen für die Topographie von Khowârizm im zehnten Jahrhundert:

Istakhrî (Ibn-Haukal) und Mokaddasî beifüge. Vom Erstern hat Herr Lerch in seiner Abhandlung eine im Allgemeinen richtige, aber abgekürzte Uebersetzung gegeben, die Geographie des Letzteren ist, wie oben gesagt, nicht leicht zugänglich. Diesen Stellen habe ich einige zerstreuten Notizen aus andern Schriftstellern angehängt. Fügt man zu diesem Material noch Jacût's Artikel Khowârizm, welchen Wüstenfeld in Band 18 der Zeitschrift der deutschen morgenländischen Gesellschaft, S. 480 ff. übersetzt hat, so hat man, glaube ich, das Material für die Beschreibung dieses Landes zur Zeit der Araberherrschaft so gut wie vollständig beisammen. Nicht bei allen Namen ist Lesart und Aussprache sicher, ich habe mich aber kritischer Bemerkungen in der Regel enthalten. Für diese kann ich auf die Anmerkungen zu meiner Ausgabe von Istakhrî und Ibn-Haukal verweisen.

# Istakhrî.

Khowârizm (Khârizm) ist der Name des Landes (nicht der Hauptstadt). Es ist sowohl von Khorâsân als von Mâwarâ'n-nahr (Transoxanien) abgeschnitten, da die Wüste es von allen Seiten umringt. Im Norden und Westen stösst es an's Gebiet der Ghozzîja; die nächstliegenden Länder im Süden und Osten sind Khorâsân und Mâwarâ'n-nahr. Es ist ein ausgedehntes Land mit vielen Städten, am Endlaufe des Djeihûn; hinter ihm giebt es an diesem Flusse bis zu seiner Mündung in den See von Khowârizm kein bebautes Land. Khowârizm liegt an beiden Ufern des Djeihûn; die Hauptstadt ist auf der nördlichen Seite (am rechten Ufer), doch an der südlichen Seite (am linken Ufer) liegt auch eine grosse Stadt, die al-Djordjânîja (Gorgândj) heisst und nach der Hauptstadt die grösste Stadt in Khowârizm ist. Sie ist der Markt für die Ghozzîja, und von ihr aus gehen die Karavanen nach Djordjân, in das Land der Khazaren und nach Khorâsân [1]).

Ausser der Hauptstadt zählt man in Khowârizm folgende Städte: Darghân, Hazârâsp, Khîwa, Khoschmîthan, Arda-Khoschmîthan (Artha-Khoschmîthan), Sâfardiz, Nûzwâr, Kerderân-Khowâsch (Khâsch), Kerder (Kordar), Karjat-Barâtegîn (Farâtegîn), Madhmînia, Mezdâkhkân, Khâs (Derkhâs), Gorgândjek [2]) und al-Djordjânîja.

Die Hauptstadt heisst in der Khowârizmischen Sprache Kâth [3]). Sie besteht aus einer jetzt verödeten Citadelle und einer eigentlichen Stadt. Der Fluss hat diese aber zerstört, und die Leute haben sich hinter derselben (weiter östlich) wieder angebaut. Der Fluss ist auch der Citadelle schon sehr nahe gerückt, und man befürchtet ihren Einsturz. Die Hauptmoschee

---

1) Ibn-Haukal: „nach Djordjân, und in frühern Zeiten gingen sie auch in das Land der Khazaren und nach Khorâsân." Bei Istakhrî folgt eine Erklärung, warum er Khowârizm auf die Karte von Transoxanien gebracht hat.

2) Die zwei letzten Namen sind nicht in allen Handschriften. Einige zählen noch eine dritte dazu, der in *abâd* endet, den ich aber nicht herzustellen weiss. Der Name Mezdâkhkân ist in meiner Ausgabe unrichtig geschrieben. Die wahre Lesart hat schon Lerch hergestellt.

3) Ibn-Haukal: „Die alte Hauptstadt war Derkhâs. Als diese zerstört war, bauten die Einwohner in der Nähe eine andere, die in der Khowârizmischen Sprache Kâth genannt wird.

steht hinter der Citadelle, der Palast des Khowârizm-Schâh bei der Hauptmoschee und das Gefängniss bei der Citadelle. Mitten durch die Stadt geht der Kanal Djardûr, an dessen beiden Ufern sich der Markt befindet, der ein Drittel einer Parasange lang und breit ist. Die Thore des zerstörten Stadttheiles sind verschwunden. Hinter dem am Flusse liegenden, jetzt zerstörten, Theil ist die neue Stadt gebaut [1]).

Der erste Ort in Khowârizm nach der Seite von Amol (der östliche Grenzort) heisst at-Tâhirîja. Da beginnt der cultivirte Landstrich am südlichen (linken) Ufer des Djeihûn. Auf dem nördlichen (rechten) Ufer dagegen giebt es kein angebautes Land vor Ghârâbkhoschna (Ghârâmkhoschna). Von da an aber bis zu der Hauptstadt von Khowârizm ist das Land an beiden Ufern des Djeihûn angebaut. Aber sechs Parasangen vor (östlich von) Ghârâbkhoschna ist aus dem Djeihûn ein Kanal abgeleitet [2]), der Gâu-Khowâra,

---

1) Ibn-Haukal: „Sie bestand aus einer Citadelle und aus einer eigentlicher Stadt, welche der Fluss zerstört hat. Burg und Stadt, die Moschee und das Gefängniss bei der Citadelle, alles ist spurlos verschwunden. Durch die Stadt floss der Djardûr-Kanal, der Stadt und Markt in zwei Hälfte theilte. Dieser Markt war ungefähr ein Drittel einer Parasange lang und breit, und war sehr belebt. Hinter dem zerstörten Stadttheil hat man sich wieder angebaut".

2) In der Nähe von Darghân, Jacut, IV, S. 230 unt. Z. f.

d. w. s. Rinderfutter, genannt wird, dessen Breite ungefähr fünf Ellen und dessen Tiefe die doppelte Höhe eines Mannes beträgt. Er ist schiffbar. Aus ihm wird das Wasser zur Bewässerung des ganzen Gaues bis zur Hauptstadt gezogen. Nachdem er fünf Parasangen geflossen, zweigt sich aus ihm der Kanal Karîh ab, durch welchen auch einige Dörfer bewässert werden.

Von at-Tahirîja bis Hazârâsp ist der angebaute Landstrich noch ziemlich schmal. Bei Hazârâsp wird die Breite grösser, und gegenüber der Hauptstadt hat sie ungefähr die Ausdehnung einer Tagereise (50 bis 60 Werst), dann nimmt sie allmählich wieder ab, so dass sie sich bei al-Djordjânîja nur auf zwei Parasangen beläuft. Die cultivirte Gegend endet beim Dorfe Gît', das fünf Parasangen von Gorgândj (Klein-Djordjânîja?) entfernt ist. Hier ist der Culturstreifen so schmal, dass er sich auf den Bezirk von Gît beschränkt. Der Ort liegt in der Nähe des Berges, hinter welchem die Wüste ist.

Hazârâsp und die übrigen Städte an der West-Seite des Djeihûn liegen an Kanälen. Der erste von diesen ist der Kanal von Hazârâsp, der aus dem Djeihûn abgeleitet wird in der Richtung von Amol (d. h. der nach dieser Stadt fliesst in der Richtung von Ost nach West). Dieser Kanal ist um die Hälfte kleiner (kürser) als der Gâu-Khowâra und ist schiffbar. Ungefähr zwei Parasangen unterhalb Hazârâsp ist der Kanal von Kerderân-Khâsch, welcher grösser (länger) als der Kanal von Hazârâsp ist. Dann folgt der Kanal von Khîwa, auf welchem die Schiffe nach Khîwa gehen. Dieser ist wieder grösser als der Kanal von Kerderân-Khâsch. Zwischen diesem und dem nächstfolgenden Kanal beträgt die Entfernung nur ungefähr eine arab. Meile [1]. Dieser heisst Kanal von Medrâ und ist doppelt so gross wie der Gâu-Khowâra. Auf ihm fahren die Schiffe nach Medrâ. Ungefähr eine Meile unterhalb des Kanals von Medrâ, zwei Parasangen unterhalb der Hauptstadt von Khowârizm, zweigt sich der Kanal von Wadâk [2] ab, auf welchem die Schiffe nach al-Djordjânîja hinunterfahren. In grösserer Entfernung unterhalb der Hauptstadt, schon im Bereiche von al-Djordjânîja, ist der Kanal von Bûh (Bûja) abgeleitet, dessen Wasser sich mit dem des Wadâk-Kanals unmittelbar unterhalb des Dorfes Andarâstân vereinigt. Der Wadâk ist grösser als der Bûh, doch sind beide schiff-

---

1) Ich glaube mit Herrn Lerch, S. 19, dass der Abstand der Anfänge dieser Kanäle von einander längs dem Flusse gemeint ist.
2) Die Lesart schwankt zwischen Wadhâk oder Wadâk und Wadân. Aus der Verbindung dieses Namens mit dem Arabischen Artikel, können die Namen Laudân und Lausâk entstanden sein (s. oben).

bar. Von der Vereinigung dieser Kanäle bis al-Djordjânîja ist ungefähr eine Tagereise Weges. Die Schiffe können sich der Stadt al-Djordjânîja nur auf einem Pfeilschuss Entfernung nähern, denn hier ist ein Damm.

Die Entfernung zwischen der Hauptstadt und dem Kanal Gâu-Khowâra beträgt zwölf Parasangen. Bei der Hauptstadt ist die Breite des Flusses ungefähr zwei Parasangen.

Der Kanal von Kerder (am rechten Ufer) entsteht aus vier Kanälen, welche vier Parasangen unterhalb der Hauptstadt an vier einander naheliegenden Stellen abgeleitet sind und sich bald zu einem Kanale vereinigen, der so gross ist wie Bûh und Wadâk nach ihrer Vereinigung. Man sagt, dass das Bett dieses Kanals früher das Bett des Djeihûn war, und wirklich nimmt das Wasser in diesem Kanal ab, wenn dasselbe im Djeihûn geschieht.

Gegenüber Gît liegt am nördlichen Ufer, nur eine Parasange von der Wüste [1]), vier Parasangen vom Djeihûn, die Stadt Madhmînia. Sie gehört zum Bereich von al-Djordjânîja (obgleich sie am rechten Ufer liegt), was so gekommen ist, weil der Fluss von Kerder

---

1) Ich lese bei Istakhrî *min* statt *fî*, da die Worte sonst keinen Sinn haben. Ibn-Haukal hat sie weggelassen.

abbiegt ¹) und zwischen dem Gebiete von Gît und Madhmînia durchfliesst. Hinter letzterem Ort ist am Ufer kein angebautes Land.

Zwischen dem Djeihûn und Kerder liegt der Gau von Mezdâkhkân, dessen Hauptort zwei Parasangen vom Djeihûn entfernt ist und gegenüber al-Djordjânîja liegt. Nach jedem Dorfe zwischen Kerder und der Hauptstadt fliesst ein Kanal aus dem Djeihûn, aus welchem allein sämmtliche Kanäle gespeist werden.

Der Djeihûn erreicht zuletzt den See von Khowârizm an einer Stelle, wo nur einige Fischer leben und wo es weder Dorf noch Haus giebt. Man nennt sie Khalîdjân. Das Gestade des See's nördlich von Khalîdjân gehört zum Gebiete der Ghozzîja, welche in Friedenszeiten an dieser Seite bis nach Karjat-Barâtegîn, an der andern Seite bis nach al-Djordjânîja kommen. Beide sind Grenzfestungen.

Ungefähr drei Parasangen (eine Tagereise) oberhalb der Stelle, wo sich der Gâu-Khowâra abzweigt, hat sich der Djeihûn sein Bett mitten durch den Berg gegraben ²). Die Breite des Stromes verengt sich hier bis auf ungefähr ein Drittel. Diese Stromenge, welche Abûkasscha heisst, ist eine gefährliche Stelle für die

---

1) Oder: „eine andere (südliche) Richtung genommen hat".
2) Lerch S. 18 „150 Werst oberhalb Pätniäk".

Schiffe, da das Wasser eine sehr starke Strömung hat und der Fall am Ausgange bedeutend ist.

Die Entfernung zwischen der Mündung des Djeihûn und der Stelle, wo der Fluss von Schâsch in den See fällt, beträgt ungefähr zehn (vier) Tagemärsche.

Der Djeihûn friert im Winter öfters zu, so dass Kameele mit schwerem Gepäck über den Fluss gehen. Das Zufrieren fängt an in Khowârizm und zieht sich den Fluss hinauf bis zu der Grenze der kalten Zone. Khowârizm ist nämlich das kälteste Land des ganzen Flussgebietes. Am Ufer des See's von Khowârizm ist der Berg Djaghrâ-Ghozz, an welchem das Wasser bis zum Sommer mit Eis bedeckt ist. Hier ist der See ein mit Schilf bewachsener Sumpf. Der Umfang des See's ist, wie man mir erzählt hat, ungefähr hundert Parasangen gross. Sein Wasser ist salzig, und er hat keinen sichtbaren Abfluss. Da jedoch in denselben der Djeihûn, der Fluss von Schâsch und andere Flüsse münden, und weder das Wasser süss wird, noch der See, der doch so klein ist, an Grösse zunimmt, so ist es wahrscheinlich, — Gott aber weiss am besten (ob es wirklich so ist) — dass zwischen ihm und dem Meere der Khazaren (Kaspisches Meer), eine unterirdische Verbindung ist, so dass das Wasser nach diesem Meere abfliesst. Die Entfernung zwischen beiden Seen in gerader Linie beträgt ungefähr zwanzig Tagemärsche.

Khowârizm ist ein wohlhabendes Land, reich an Korn und Baumfrüchten, nur hat man daselbst keine Nüsse. Es werden von dort sehr viele wollene und baumwollene Stoffe nach allen Gegenden exportirt. Die höhern Klassen sind reich und halten auf „ehrenhaftes Betragen". Von allen Völkern in Khorâsân (d. h. den Oxusländern) reisen sie am meisten und haben sie sich am weitesten verbreitet. Es giebt keine grosse Stadt in Khorâsân, wo man nicht eine bedeutende Ansiedlung von Khowarizmiërn findet. Sie haben eine eigene Sprache, die sonst nirgends in Khorâsân gesprochen wird. Ihre gewöhnliche Kleidung ist eine Jacke (Kortah) und ein auf eigenthümliche Art umgebogener Hut. Auch durch ihr Aeussere sind sie von allen Khorâsânischen Völkern unterschieden. Sie sind tapfer und wissen die Ghozzîja in Zaum zu halten. Gold- und Silberminen oder Edelsteine findet man nicht im Lande. Der Handel mit den Türken und die Viehzucht sind die einzigen Quellen ihres Wohlstandes. Khowârizm ist der grosse Markt für die Sklaven aus den Slaven- und Khazarenländern und den benachbarten Gebieten, wie auch aus Turkistân, und für die Pelze, wie Fenek-, Zobel-, Fuchs-, Castorpelze u. s. w.

Es giebt zwei Wege von Bokhârâ nach Khowârizm. Entweder geht man von Bokhârâ einen Tagemarsch durch angebautes Land nach Farkhascha, und von da acht Tagemärsche durch die Wüste. In dieser Wüste findet man weder Station, noch Ribât (Karavanseraï); sie ist unbewohnt, und man reist nur nach der Richtung und nach den Stellen, wo Weide für die Kameele ist; daher können für diesen Weg keine Stationen verzeichnet werden. Oder wenn man bei Amol über den Djeihûn setzen will, geht man von Bokhâra nach Firabr, zwei Tagereise, bei Firabr passirt man den Djeihûn nach Amol und reist durch das Gebiet von Amol nach Wîza, einen Tag, von Wîza nach Mardûs, einen Tag, von Mardûs nach Asbâs, einen Tag, von Asbâs nach Sîfâna [1]), einen Tag; von da nach at-Tâhirîja, einen Tag, dann nach Djigrbend [2]), einen Tag, dann nach Darghân, einen Tag, von hier nach Sadûr, einen Tag, von Sadûr nach Hazârâsp, einen Tag, und von da nach der Hauptstadt von Khowârizm, einen Tag.

---

1) Wahrscheinlich muss man Sî-pâje lesen, vgl. Istakhrî S. 284, Ibn-Batûta, III, S. 21 und Lerch, S. 21. Es scheint dieser Ort am Flusse gelegen zu haben, und nach ihm wurde sowohl die nördliche Wüste, durch welche Ibn-Batûta und Timur zogen, als die südliche Wüste zwischen Merw und dem Djeihûn benannt.

2) Nach einigen Handschriften liegt Djigrbend zwischen Darghân und Sadûr, und dies scheint richtig. S. auch das *Djihân-Numa*, S. 347.

Die ganze Reise nimmt also 12 Tage in Anspruch; der Weg geht stets durch bewohntes Land. Von Hazârâsp führt der directe Weg nach al-Djordjânîja.

Die Distanzen in Khowârizm sind folgende: Von der Hauptstadt Kâth nach Khîwa eine Tagereise, ebensoviel von Khîwa nach Hazârâsp; von Kâth nach al-Djordjânîja drei Tagemärsche, nämlich von Kâth nach Arda-Khoschmîthan ein Tag, von Arda-Khoschmîthan nach Nûzwâr ein Tag, von da nach al-Djordjânîja ein Tag. Zwischen Hazârâsp und Kerderân-Khâsch sind drei Parasangen, zwischen Kerderân-Khâsch und Khîwa fünf Parasangen [1]. Von Khîwa nach Sâferdiz sind fünf Parasangen, und von Sâferdiz nach der Hauptstadt drei. Von Kâth nach Derkhâs sind zwei Tagemärsche, von Derkhâs nach Kerder hat man eine Tagereise. Von Kerder nach Karjat-Barâtegîn sind zwei Tagemärsche. Letzteres liegt nicht weit von Madhmînia, doch dieses ist dem Djeihûn näher, von dem es vier Parasangen entfernt ist. Mezdâkhkân liegt zwei Parasangen vom Djeihûn, gegenüber al-Djordjânîja, das selbst nur eine Parasange vom Flusse entfernt ist.

---

1) Ibn-Haukal setzt dazu „wie ich gehört habe". Er hat also diese Entfernung nicht controlirt.

## Mokaddasî.

Khowârizm ist eine Provinz an beiden Ufern des Djeihûn, deren Hauptstadt in Heital (Transoxanien) liegt, welche aber eine zweite Hauptstadt in Khorâsân (Cisoxanien) hat. Die Einwohner sind von allen Völkern der Oxusländer verschieden in Sitte, Sprache, Aeusserem und Charakter. Es ist ein Land von bedeutender Grösse mit vielen Städten, zwischen welchen das angebaute Land nirgends unterbrochen wird, sondern in welchem man stets längs Häusern und Gärten geht, wie im Lande der Rûm, in Sidjistân und Kâzerûn. Man findet dort viele Keltern, Aecker, Bäume, Früchte und sonstige gute Dinge. Das Land ist besonders geeignet für den Betrieb des Handels. Die Khowârizmier sind Leute von Verstand, Gelehrsamkeit, Rechtskenntniss, schönen Anlagen und Bildung. Ich habe wenige Imâme getroffen, welche über Jurisprudenz, Humaniora oder den Korân lasen und nicht unter ihren Schülern einen Khowârizmier hatten, der hervorragte und sich auszeichnete. Doch sie sind verschlossen, und ihnen fehlt Geist und Gewandtheit so wie der Glanz der feinern Bildung. Ihre Brote sind klein, ihre Parasangen dagegen lang. Gott hat ihnen Wohlhabendheit und Ueberfluss gegeben, und

sie vor Andern mit einer correcten Aussprache des
Korân's und mit gutem Verstand beschenkt. Sie lieben
es, einen zu bewirthen, sind aber selbst gefrässig.
Im Krieg sind sie tapfer und ausdauernd. Kurz, sie
haben viele merkwürdige Eigenschaften.

Man erzählt, dass einmal vor längern Jahren der
König des Ostens gegen vierhundert Männer aus den
höchsten Kreisen des Reichs aufgebracht war. Da
befahl er, sie in eine Gegend zu bringen, die von
den cultivirten Ländern hundert Parasangen entfernt
wäre. Eine solche war die Gegend des heutigen
Kâth (und sie wurden dahin gebracht). Nach einiger
Zeit schickte der König Leute aus, die ihm Nachricht von Jenen bringen sollten. Diese fanden sie
noch am Leben und sahen, dass sie sich Hütten
gebaut hatten und sich vom Fischfang ernährten.
Daselbst (bei den Hütten) lag viel Brennholz. Als
sie, zum Könige zurückgekehrt, ihm dies erzählten,
fragte er: und wie nennen sie das Fleisch? Der
Wortführer sagte: *khowâr*. Und wie, fragte er
weiter, das Holz? Er sagte: *rizm*. Da sagte der
König: nun, ich lasse sie in jenem Lande wohnen,
und benenne es Khowârizm. Darauf befahl er, ihnen
vierhundert Türkische Sklavinnen zu schicken. Daher
haben sie noch jetzt einige Aehnlichkeit mit den Türken.

Mein Gewährsmann sagt: als der König sie nach Khowârizm verbannt hatte, leitete er einen Kanal aus dem Djeihûn nach ihnen hin, damit sie das Land anbauen könnten. Der Hauptstrom (*al-amûd*) floss damals bis zu einer Stadt hinter Nesâ, welche Balkhân hiess. Er erzählt weiter: der Fürst dieser Stadt kam nach jener Ansiedlung zum Besuch und fand daselbst tüchtige Leute; er war des Königs Gast und spielte mit ihm. Da gewann der Khowârizmier. Man war aber übereingekommen, dass, wenn dieser gewönne, er die Erlaubniss haben sollte, den Djeihûnkanal einen Tag und eine Nacht über geöffnet zu halten. Der Fürst von Balkhân hielt sein Wort. Als man aber dem Wasser freien Lauf liess, strömte dasselbe mit so grossem Andrang, dass man es nicht wieder hemmen konnte, und so erhielt der Fluss die Richtung, welche er noch am heutigen Tage hat. In Khowârizm wurden nun viele Kanäle abgeleitet, an welchen sich Städte erhoben. Jedoch Balkhân ging zu Grunde. Ich selbst habe Leute von Nesâ und Abîwerd erzählen hören, dass sie bisweilen nach Balkhân gehen, wo sie viele Eier finden. Auch giebt es da noch verwilderte Rinder und Pferde. Ich sagte: und wie kommt es, dass Eure Köpfe ganz anders aussehen als die anderer Menschen? Sie sagten: un-

sere Ahnen haben drei Dinge gethan, wodurch sie
sich den Vorrang vor anderen Völkern erworben haben:
erstens machten sie öfter Streifzüge gegen die Türken
und fingen Sklaven ein; dadurch wurden sie den
Türken ähnlich und wurden unkenntlich. So ereignete
es sich bisweilen, dass ein Khowârizmier im Islâmischen Reiche als Sklave angesehn und verkauft wurde.
Da erhielten die Weiber den Befehl, den neugebornen
Knaben einen Sack mit Sand an beiden Seiten des
Kopfes anzubinden, damit der Schädel breiter würde.
Seit dieser Zeit wurden sie nicht mehr zu Sklaven
gemacht; war ein Khowârizmier durch Zufall unter
die Sklaven gerathen, so wurde er nach seinem Lande
zurückgeschickt. Zweitens, vertheilten sie ihren Dirhem
in vier Dâneks, damit die Kaufleute sie nicht aus
dem Lande brächten; und noch jetzt wird stets Silber
bei uns eingeführt, nicht von uns ausgeführt. Das
dritte habe ich vergessen. Wisse aber, dass man
Khowârizm im Osten am Besten vergleichen kann
mit Sidjilmâsa im Westen, da auch der Charakter
der Khowârizmier Aehnlichkeit hat mit dem der Berbern. Das Land ist achtzig (Parasangen) lang und
ebenso breit. Es ist stark bebaut und reichlich bewässert. Fische und Schafe giebt es sehr viel. Für
die Ghozz und andern Türken ist Khowârizm der

grosse Stapelplatz. Der Name der ersten Hauptstadt ist Kâth. Von den Heitalischen (Transoxanischen) Städten nenne ich Ghardmân, Wàïkhân, Ardha-Khîwa¹), Nûkifâgh, Kerder, Mezdâkhkàn, Djaschîra, Sadûr, Zerdûkh, Karjat-Barâtegìn, Medkimînia. Die Khoràsânische (Cisoxanische) Hauptstadt heisst al-Djordjânîja. Unter den übrigen Städten dieser Seite zählt man Nûzwâr, Zamakhschar, Rûzwend, Wazârmend, Deskâkhân-Khâs, Khoschmîthan²), Madâmîthan³), Khîwa, Kerderân-Khâs, Hazârâsp, Djigrbend, Djâz, Darghân, Gît, Klein-Djordjânîja, ein zweites Gît, Sadfar (Sâferdiz), Masâsân, Kârdâr, Andarastân.

Kâth, das die Eingebornen gewöhnlich Schahristân (Hauptstadt) nennen, liegt am östlichen (rechten) Ufer des Flusses, und hat ungefähr die Grösse von Nîsâbûr⁴). Die Hauptmoschee in der Mitte der Märkte, ruht auf Pfeilern von schwarzem Stein, die bis auf Mannshöhe reichen; auf diesen erheben sich hölzerne Säulen. Das Schloss des Fürsten liegt mitten in der Stadt; früher gab es eine Citadelle, welche durch den Fluss zerstört ist. Durch die Stadt laufen Kanäle.

---

1) Die Lesart ist nicht ganz sicher. Es scheint derselbe Ort gemeint den Jacut Castell Khîwa nennt.
2) Es ist auch möglich, dass Ra-Khoschmîthan, verkürzt aus Artha-Khoschmîthan, wie bei Jacut, I, S. 161, gelesen werden muss.
3) Wahrscheinlich ist Medrâmîthan = Medrû zu lesen.
4) Die erste Ausgabe: „und ist grösser als Bokhârâ".

Es ist eine ansehnliche Stadt, wo viele Gelehrten, Schöngeister und reiche Leute wohnen. Dann findet man daselbst alle Waaren und Luxusartikel. Ihre Baumeister sind geschmackvoll, ihre Vorleser haben eine schöne Stimme und eine angenehme Intonation, wie man sie in Irâk vergeblich sucht. Die Stadt hat ein schönes Ansehn und einen guten Ruf. Aber sie ist nie sicher vor einer Ueberschwemmung des Flusses, und die Einwohner sind genöthigt, sich vom Ufer zurückzuziehn. Dann ist die Stadt noch schmutziger als Ardabîl (in Adherbeïdjân). Viele Gossen entleeren sich in die Strasse. Die Meisten gebrauchen die Strassen als Abtritt. Man sammelt den Koth in Gruben, aus welchen man ihn nachher in Säcken nach den Feldern bringt. Wegen der Massen von Koth kann ein Fremder nur bei Tageslicht durch die Strassen gehen. Die Einwohner aber treten in den Koth und bringen ihn sogar an ihren Füssen in die Moscheen. Die Leute haben eine grobe Natur und einen unangenehmen Charakter. Sie essen schlecht und man fühlt sich bei ihnen nicht behaglich.

Ghardmân ist ummauert, hat zwei Thore und einen Stadtgraben, der voll Wasser und einen Pfeilschuss breit ist.

Wâïkhân hat eine Mauer und einen Stadtgraben. An den Pforten stehen Ballisten (*'arrâdât*).

Ardha-Khîwa ist ummauert und hat nur ein einziges Thor. Es liegt am Fuss des Berges am Eingang der Wüste [1]).

Nûkifâgh ist befestigt. Ein Kanal, der vom Djeihûn nach der Wüste zu fliesst, umgiebt die Stadt. Kerder ist grösser und stärker befestigt.

Mezdâkhkân ist gross und hat ein grosses Gebiet mit zwölftausend (sic) Burgen.

Djaschîra ist gross. Eine Mauer umgiebt die Stadt.

Sadûr liegt am Ufer des Djeihûn. Es hat eine Citadelle und eine Vorstadt. In der erstern, mitten in der Stadt findet man die Moschee.

Zardûkh ist gross. Der Ort ist ummauert und hat eine Vorstadt.

Karjat-Barâtegîn ist gross und liegt in der Wüste nah am Berge. Von da werden Bausteine ausgeführt. Der Markt, wo sich die Moschee befindet, ist in gutem Stande. Zum Bauen gebrauchen sie einen weichen Lehm, der vorzüglich ist. All diese Städte von welchen Mezdâkhkûn die grösste ist, sind befestigt und gut bevölkert.

---

1) In der ersten Ausgabe wird Wâikhûn so beschrieben. Dagegen wird Ardha-Khîwa eine grosse Stadt genannt und ferner beschrieben wie Wâikhân oben. Die Beschreibung von Nûkifâgh und Kerder fehlt in dieser Ausgabe.

Al-Djordjânîja, die Hauptstadt der Khorâsân-Seite, liegt am Djeihûn, so dass das Wasser früher bis an die Mauern reichte. Man hat aber durch einen künstlichen Damm von Reisig und Holz den Lauf des Wassers gehemmt und es ostwärts gelenkt, was wirklich ein bewunderungswerthes Werk ist. Darauf ist das Wasser durch die Wüste geleitet nach Karjat-Farâtegîn, so dass es jetzt nur an einer Seite fliesst. Dann hat man nach der Stadt Kanäle abgeleitet, die an den Thoren fliessen, doch nicht durch die Stadt geführt werden, da dieselbe zu eng ist.

Djordjânîja nimmt fast täglich an Grösse zu. Am Pilgerthore steht der von al-Mâmûn gebaute Palast, dessen Pforte in Schönheit seinesgleichen nicht hat in ganz Khorâsân. Mâmûn's Sohn Alî baute sich auch einen Palast, vor welchem an dessen Pforte ein Platz ist, dem Platze von Bokhârâ (dem Rîgistân) ähnlich, wo der Schafmarkt gehalten wird. Die Stadt hat im Ganzen vier Thore.

Nûzwâr ist klein, hat eine Mauer, einen Stadtgraben und eherne Pforten. Die Chaussee geht mitten durch die Stadt. Dieselbe hat zwei Thore und eine Zugbrücke, die jeden Abend aufgezogen wird. Am westlichen Thore ist ein Bad, das beste im ganzen Lande. Die Moschee ist auf dem Markte; sie ist bis auf einen kleinen Theil ganz überdeckt.

Zamakhschar ist klein, hat eine Mauer, einen Stadtgraben, ein Gefängniss und mit Eisen beschlagene Thore. Die Brücken werden jeden Abend aufgezogen. Die Chaussee geht mitten durch die Stadt. Die Moschee ist nett; sie steht am Ende des Marktes.

Rûzwend [1]), von mittelmässiger Grösse, befestigt, mit einem Graben, liegt wie die vorigen Orte an der Chaussee. Die Moschee steht am Ende des Marktes. Eine Quelle versorgt die Einwohner mit Trinkwasser.

Khîwa, am Eingang der Wüste, ist eine grosse Stadt an einem Kanal vom Flusse gebaut. Die Moschee wird in gutem Stande erhalten. Das Gleiche gilt von Kerderân-Khâs und Hazârâsp mit hölzernen Thoren und einem Stadtgraben.

Djigrbend, so gross als Khîwa, liegt am Ufer. Es giebt da viele Bäume und Gärten. Der Markt, an dessen Ende die Moschee steht, ist gross und in gutem Zustande. Die Chaussee geht durch die Stadt.

Djâz ist eine grosse ummauerte Stadt mit einem breiten Graben, und Brücken. Die Stadt reicht von einem zum andern Thor [2]). Die Chaussee geht nicht durch die Stadt, sondern neben derselben her. Die Moschee steht am Ende des Ortes.

---

1) In der ersten Ausgabe Wazârmend.
2) Dies bedeutet wahrscheinlich, dass die Stadt in die Länge ausgedehnt ist.

Darghân ist nach al-Djordjânîja die grösste Stadt an der West-Seite des Flusses. In der ganzen Gegend findet man keine schönere Moschee als die von Darghân, welche viele Kostbarkeiten enthält und schön geziert ist. Die Stadt liegt am Ufer und besitzt wenigstens fünfhundert Weingärten. Diese ziehen sich zwei Parasangen weit längs des Ufers hin. Der Ertrag an Rosinen ist bedeutend.

Gît ist gross und hat ein ausgedehntes Gebiet in die Wüste hinein. Es ist ein befestigter Ort, an der Grenze der Ghozz. Von hier aus betritt man ihr Gebiet.

---

Aus dem Abschnitte über die Fähren und Kanäle des Djeihûn (nur in der zweiten Ausgabe):

Dann kommt man an die Fähren von Khowârizm, nämlich: die von Darghân, die von Djigrbend, eine ungenannte Fähre, die von Hazârâsp, die von Kâth, dann die übrigen Fähren bis zum See, unter welchen die Fähre von al-Djordjânîja. — Die Kanäle vom Djeihûn abgeleitet, finden sich grösstentheils in Khowârizm. Zu diesen gehört: der Kanal Karîh, der fünf Parasangen lang ist; der Kanal von Hazârûsp, der [1]) so breit

---

[1]) Der Text ist hier verstümmelt. Der Verfasser excerpirt Istakhrî, der aber von dem cultivirten Landstriche längs dem Djeihûn spricht.

wird, dass er ungefähr eine Tagereise Weges beträgt, dann verengt er sich allmählich bis auf ungefähr eine Parasange. Dieser Kanal tränkt die Aecker bis in der Nähe der Wüste. Vom Djeihûn ist ferner der Kanal von Kerderân-Khâs abgeleitet, welcher grösser ist als der Kanal von Hazûrâsp. Die Entfernung zwischen den Beiden beträgt zwei Parasangen. Nach diesem kommt der Kanal von Khîwa, der auch gross ist und beschifft wird. Diesem folgt der Kanal von Medrâ, auf welchem auch Schiffe fahren. Dieser ist eine halbe Parasange vom Kanal von Khîwa entfernt. Gleiche Entfernung ist zwischen dem Kanal von Medrâ und dem von Wadâk.

Unterhalb der Hauptstadt nach dem Hauptstrome zu ist der Kanal von Bûh (Bûwa), in welchem sich die Gewässer beider Seiten (Gegenden) vereinigen und zwar beim Dorfe Andarastân. Auf ihm gehen die Schiffe nach al-Djordjânîja. Da aber ist der Damm, von welchem wir oben gesprochen haben, der das Wasser hemmt. Vom Vereinigungspunkte bis zum Damme ist eine Tagereise. Der Kanal von Kerder entsteht aus vier kleineren Kanülen, welche vier Parasangen unterhalb der Hauptstadt aus vier benachbarten Stellen abgeleitet sind und sich dann vereinigen.

Aus dem Abschnitt über die Produkte:

Die Waaren, welche aus Khowârizm kommen, sind Zobel (*sammûr*)-, Eichhorn (*sindjâb*)-, Hermelin (*kâkûn*, *kâkom*)-, Fenek-, Wiesel (*deleh*)-, Fuchs-, und Castorpelze, farbige Hasenfelle, Bockshäute, (*bozpûst*), Wachs, Pfeile, die Baumrinde, welche *Tôz* heisst, Hüte, Fischleim, Fischzähne, Castorin (*khazmijân*), Bernstein (*kahrowâ*), die Pferde- oder Eselshäute, die man *Khaimokht* nennt, Honig, Haselnüsse, Falken, Schwerter, Harnische, Khalandj-Holz, Sklaven aus den Slavenländern, Schafe und Rinder, welches alles aus Bulghâr (durch die Khowârizmischen Kaufleute) ausgeführt wird. Das Land selbst liefert für den Handel: Trauben und Rosinen in Menge, die Kuchen, die man *Malban* heisst, Sesam, Mäntel (*bord*), Teppiche, Decken, köstlichen Brocat (eigentlich: Brocat, der sich für Geschenke an fürstliche Personen eignet, *pischkesch*), halbseidene (*molham*) Schleier, Schlösser, farbige Kleiderstoffe, Bogen, welche nur die allerkräftigsten Männer spannen können [1]), Käselab (*rakhbîn*), Molken (*maçl*), Fische und Boote, die dort gezimmert und ausgestattet werden, wie auch in Tirmidh.

---

1) Dies ist das einzige Erzeugniss Khowârizm's, das am Ende des Abschnitts, wo die merkwürdigsten Produkte von Transoxanien und Khorâsân verzeichnet werden, noch besonders erwähnt wird.

Die Sprache der Khowârizmier wird nicht verstanden (ausserhalb des Landes). Die der Einwohner von Amol und Firabr ähnelt der Khowârizmischen in Ton, steht aber sonst dem Bokhârischen Dialekt am nächsten. — Die Hautfarbe der Khowârizmier ist weiss und roth; sie unterscheiden sich von den andern Völkern in Transoxanien und Khorâsân durch ihr Aeussere.

---

In allen Ländern von Transoxanien und Khorâsân geschieht bei der öffentlichen Predigt des Namens des Samanidenfürsten Erwähnung als des Oberherrn. Alle Fürsten zahlen ihm die Grundsteuer (*kharâdj*), mit Ausnahme deren von Sidjistân, Khowârizm, Ghardjistân, Djûzdjân, Bost, Ghazna und Khottal, die ihm nur jährliche Geschenke geben, die Grundsteuer aber für sich behalten. — Diese Grundsteuer beträgt für Khowârizm 420,120 Dirhems nach Khowârizmischer Währung, deren jeder 4$^1/_2$ Dânek gilt [1]).

---

Aus dem Abschnitt über die Entfernungen:

Man geht von Bokhâra nach Amza [2]) 2 Posten (*barîd*). Dann nach Ribât Tâsch 1 Tagereise,

---

1) Statt, wie gewöhnlich 6 Dânek.
2) Vielleicht derselbe Ort, der bei Jacut Amdîza heisst.

nach Schûrûkh 1 Tagereise, nach ar-Raml (dem Sande) 1 Tagereise, nach Ribât Toghân 1 Tagereise [1]), nach (Ribât) Djigrbend 1 Tagereise, nach Ribât Hasan 1 Tagereise, nach Nâbâdghîn 1 Tagereise, nach der Flussenge 1 Tagereise, nach Ribât Mâsch 1 Tagereise, nach Ribât Sinda 1 Tagereise, nach Bagharkân 1 Tagereise, nach Schurâkhân 1 Tagereise, nach Kâth 1 Tagereise.

Man kann auch von Farkhascha durch die Wüste in 8 Tagemärschen nach Kâth gehn [2]).

Von Kâth geht man nach Khâs 1 Tagereise, nach Nûzkât 2 Posten, von hier rechts nach Wâïkhân 1 Tagereise, dann nach Nûbàgh 1 Tagereise, dann nach Mezdàkhkàn in der Wüste 2 Tagereisen, dann nach Darsân 2 Posten, weiter nach Kerder 1 Tagereise, von Kerder nach Djowîkân 2 Posten, von hier nach Karjat-Barâtegîn 1 Tagereise, dann nach dem See 1 Tagereise.

Von Ribât Mâsch nach Emîr 1 Tagereise, dann nach Bârâb-Sâr 2 Tagereisen, dann nach Ardha-Khîwa 1 Tagereise [3]).

Von Mezdâkhkân nach Werdrâgh 1 Tagereise, dann nach Kerder 1 Tagereise.

---

1) Hier folgt in der ersten Ausgabe: „nach der Flussenge 1 Tagereise."
2) Nur in der ersten Ausgabe. Farkhascha liegt nicht weit von Bokhârâ.
3) Dieses Itinerar ist nur in der zweiten Ausgabe.

Von Kâth nach Ghardmân 1 Tagereise, dann nach Wâïkhân 2 Posten, dann nach Ardha-Khîwa 1 Post, weiter nach Nûkibâgh 1 Tagereise.

Von Auzârmend (Wezârmend) nach Deskâkhân-Khâs 2 Posten, nach Ra-Khoschmîthan [1]) 1 Tagereise, nach Khîwa 1 Tagereise, nach Kerderân-Khâs 2 Posten, nach Zerdûkh 1 Post, nach Hazârâsp 2 Posten.

Von Auzârmend nach Rûzwend 1 Post, dann nach Nûzwâr 1 Tagereise, von da nach Zamakhschar 1 Tagereise und ebensoviel nach al-Djordjânîja.

Von al-Djordjânîja geht man nach Ardokû 1 Tagereise, dann nach Ribât Bâhân 1 Tagereise, nach Ribât Mahdî 1 Tagereise, nach Ribât Miân-Schâh 1 Tagereise, nach Biro-'l-Hâkim 1 Tagereise, nach Ribât Abî-Sahl 1 Tagereise, nach Ribât Dûghâdj 1 Tagereise, nach Ribât Djafar 1 Tagereise, nach Afrâwa (Farâwa) 1 Tagereise [2]).

## Zerstreute Angaben.

Das *Djihân-Numa* [3]) giebt das folgende Itinerar von Merw nach Djordjânîja:

---

1) Für Artha-Khoschmîthan. Dieses Itinerar nur in der zweiten Ausgabe.
2) Dieses Itinerar hat nur die erste Ausgabe.
3) S. 347 des Textes. Vgl. Sprenger, „die Post- und Reiserouten", S. 33 seq.

Von Merw nach Sokrî (سقرى) 5 Parasangen, von da nach Abadân-Kendj (ابدان كنج) 2 Paras., nach Ribât Surân (سوران) 8 Paras., nach Tsjâh-Bîrûn 8 Paras., nach Ribât Nûschâkir 7 Paras., nach Sangabâd 7 Paras., nach Tâhirî (at-Tâhirîja) 6 Paras., nach Ribât Bûd 10 Paras., nach Darghân 10 Paras., nach Djigrbend 7 Paras., nach Ribât Dohân-Schîr (Flussenge) 5 Paras., nach Sadûr [1]) 4 Paras., nach Hazârâsp 10 Paras., nach Dîh Azrak (Blaudorf) 10 Paras., nach Ardha-Khoschmîthan [2]) 7 Paras., nach Andarâstân [3]) 6 Paras., nach Nûzwâr [4]) 2 Paras., nach Gorgûndj 6 Paras. Im Ganzen von Merw nach Gorgândj 124 Parasangen.

Aus Abulfeda [5]):

Mohallabî sagt in seinem Buch *al-Azîzî*: Von Khowârizm (d. h. der Hauptstadt Kâth) nach Amol sind ungefähr 12 Tagemärsche, von Khowârizm nach dem See von Khowârizm ungefähr 6 Tagemärsche. Zwischen Gross-Gorgândj und Klein-Gorgândj sind 10 Meilen, nach Jacut im *Moschtarik*.

Aus dem *Azîzî*: Zwischen Kâth und al-Karjato-'l-

---

1) Im Texte falsch Sandabûr.   2) Im Texte falsch Mørhaschmîn.
3) Im Texte falsch Andarâbnân.   4) Im Texte Sûrâwâ.
5) S. 477 folg. der Pariser Ausgabe.

Djadîda (Neudorf = Janghî-Kent) im Türkenlande sind 50 Parasangen; nach Ibn-Haukal hat man zwischen Janghî-Kent und Khowârizm mehr als 10 Tagemärsche. Nach dem *Azîzî* beträgt die Entfernung von Hazârâsp nach Kâth 6 Parasangen, und von Hazârâsp nach Darghân 24 Parasangen.

---

Aus Jacut:

Artha-Khoschmîthan (auch Rath-Khoschmîthan und Ra-Khoschmîthan) liegt 3 Tagereisen von al-Djordjânîja (I S. 191).

Boghaidîd (Klein-Baghdâd) liegt zwischen Djend und Khowârizm (I S. 698).

Ahmed ibn-Fadhlân sagt, dass die Entfernung zu Wasser zwischen Khowârizm (d. h. Kâth) und al-Djordjânîja 50 Parasangen beträgt (II S. 484 Z. 14 f.)

Khîwak, in Khowârizm sagt man Khîwa, heisst eine Stadt und ein Schloss, ungefähr 15 Parasangen von einander entfernt (II S. 512).

Darghân, die erste Grenzstadt von Khowârizm in der Richtung von Amol, liegt am Djeihûn, und auch am Wege von Merw nach Khowârizm. Sie liegt zwei Meilen vom Flusse, zwischen welchem und der Stadt die Felder und Gärten sind (II S. 567 f.).

Sâwakân [1]) liegt zwischen Hazârâsp und Khoschmîthan (III S. 24).

Sobornâ (oder Sûbarnâ) auf dem Wege von al-Djordjânîja nach Schahristân (3 Meilen von Nesâ) liegt auf der äussersten Grenze von Khowârizm, 20 Parasangen von al-Djordjânîja (III, S. 32 und 182).

Ghauschfindj ist ungefähr 20 Parasangen von al-Djordjânîja entfernt (III S. 825).

Zwischen Kâth und Gorgândj, der Hauptstadt von Khowârizm, zählt man 20 Parasangen (IV S. 222).

Die Entfernung zwischen Gross-Gorgândj und Klein-Gorgândj beträgt 3 Parasangen (IV S. 261).

Nûzkâth (Neu-Kâth) liegt nicht weit von Djordjânîja (IV S. 822).

Von den Oertern Bâf, Tomortâsch, Djonkân-Akhasscha, Rûdhân, Zamakhschar, Sarakosta, as-Sîb, Farnîfathân, Kerder und Nûbâgh, welche Jacut noch erwähnt, werden keine Distanzen angegeben.

---

Aus dem *Djihân-Numa*:

Von Gorgândj nach Samarkand sind 10 Tagereisen, von Gorgândj nach Nesâ durch die Wüste sind 10 Tagemärsche.

---

1) Bei Dimaschkî, S. 223 ist dieser Name verderbt in Schâdakân.

Aus al-Djordjânî's Geographie:

Von Bokhârâ nach Kât in Khowârizm auf dem Flusswege sind 17, auf dem Wüstenwege 8 [1]) Tagereisen.

Witsen hat in seiner Beschreibung der Nord- und Ost-Tartarei, I, S. 415 und 416 der Ausgabe von 1785, ein Itinerar von Meschhed nach Urgendj, und zwei Itinerare von Urgendj nach Bokhârâ, in Uebersetzung. Diese sind nach ihm im Jahre 1684 von einem Armenier Namens Waten, zu Ispahân verfasst.

---

1) Das Ziffer ist undeutlich geschrieben. Witsen hat in seiner Uebersetzung, I, S. 496: neunzig(!).